广州现代服务业综合竞争力研究

Overall Competitiveness Of Modern Service Industry In Guangzhou

阮晓波 张强 陈翠兰 著

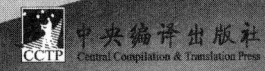

图书在版编目（CIP）数据

广州现代服务业综合竞争力研究/阮小波、陈强、陈翠兰著.
—北京：中央编译出版社，2013.10
ISBN 978 - 7 - 5117 - 1758 - 0

Ⅰ.①广…
Ⅱ.①阮…　②陈…　③陈…
Ⅲ.①服务业 - 竞争力 - 研究 - 广州市
Ⅳ.①F719
中国版本图书馆 CIP 数据核字（2013）第 194224 号

广州现代服务业综合竞争力研究

出 版 人	刘明清
出版统筹	谭　洁
责任编辑	战　歌
责任印制	尹　珺
出版发行	中央编译出版社
地　　址	北京西城区车公庄大街乙 5 号鸿儒大厦 B 座（100044）
电　　话	（010）52612345（总编室）　　（010）52612367（编辑室） （010）66161011（团购部）　　（010）52612332（网络销售） （010）66130345（发行部）　　（010）66509618（读者服务部）
网　　址	www.cctphome.com
经　　销	全国新华书店
印　　刷	北京瑞哲印刷厂
开　　本	787 毫米 ×1092 毫米　1/16
字　　数	200 千字
印　　张	14.5
版　　次	2013 年 10 月第 1 版第 1 次印刷
定　　价	32.00 元

本社常年法律顾问：北京市吴栾赵阎律师事务所律师　闫军　梁勤
凡有印装质量问题，本社负责调换，电话：（010）66509618

目 录
CONTENTS

第一章 现代服务业竞争力评价的意义与特点 …………………… 1
 一、对城市现代服务业竞争力展开评价研究的意义 ……………… 1
 二、城市现代服务业竞争力评价的特点 …………………………… 2

第二章 现代服务业综合竞争力的影响因素和评估框架 ………… 6
 一、现代服务业综合竞争力的内涵 ………………………………… 6
 二、现代服务业综合竞争力的决定和影响因素分析 …………… 10
 三、现代服务业综合竞争力评估框架的构建 …………………… 11
 四、现代服务业综合竞争力评估方法的选择 …………………… 13

第三章　广州现代服务业发展历程与现状特点 ··········· 17
　　一、广州现代服务业的崛起与发展 ··················· 18
　　二、广州现代服务业在城市经济和区域经济中的地位变化 ······ 21
　　三、广州现代服务业发展的现状与特点 ················ 23

第四章　广州现代服务业总体竞争力评价 ············· 27
　　一、评价指标体系的构建 ······················· 28
　　二、数据来源及说明 ························· 31
　　三、评价方法、数据处理与结果输出 ················· 35
　　四、五大国家中心城市现代服务业竞争力比较 ············· 41
　　五、穗深港三大中心城市现代服务业竞争力比较 ············ 44
　　六、广州与国际大都市现代服务业竞争力比较 ············· 47

第五章　广州现代服务业分项竞争力评价分析 ··········· 49
　　一、产业结构优化升级能力 ······················ 49
　　二、产业创新能力 ·························· 51
　　三、产业集聚能力 ·························· 54
　　四、服务输出能力 ·························· 58
　　五、产业可持续发展能力 ······················· 66

第六章　广州现代服务业重点行业竞争力 ············· 69
　　一、金融业 ····························· 69
　　二、房地产业 ····························· 78
　　三、商贸业 ····························· 92
　　四、现代物流业 ···························· 101

目 录

第七章 广州现代服务业新型业态竞争力评价 ……………… 117
    一、总部经济 ……………………………………………… 117
    二、服务外包 ……………………………………………… 122
    三、创意产业 ……………………………………………… 127
    四、电子商务 ……………………………………………… 131

第八章 广州现代服务业龙头企业竞争力评价 ……………… 135
    一、零售龙头企业竞争力比较 …………………………… 135
    二、批发龙头企业竞争力比较 …………………………… 139
    三、软件龙头企业竞争力比较 …………………………… 143
    四、港口龙头企业竞争力比较 …………………………… 146
    五、机场龙头企业竞争力比较 …………………………… 151
    六、房地产龙头企业竞争力比较 ………………………… 157
    七、金融龙头企业竞争力比较 …………………………… 159

第九章 广州现代服务业国际竞争力评价 …………………… 163
    一、服务业国际竞争力概念及指标选择 ………………… 163
    二、广州现代服务业国际竞争力指标分析 ……………… 166
    三、广州现代服务业国际竞争力评价 …………………… 173

第十章 广州现代服务业竞争力影响因素的实证分析 ……… 174
    一、影响广州的服务业发展水平的多因素分析 ………… 174
    二、基于多个城市现代服务业发展水平的多因素分析 … 182

第十一章 广州现代服务业竞争力优劣势总结及其深层原因分析 …… 188
    一、竞争优势 ……………………………………………… 188
    二、竞争劣势 ……………………………………………… 192

三、深层原因分析 …………………………………………… 197

第十二章　提升广州现代服务业综合竞争力的思路和对策建议 ……… 204
　　一、加快推进服务业载体的规划与建设，强化服务业的集群效应 …… 205
　　二、实施创新驱动工程，增强现代服务产业的发展后劲 ………… 207
　　三、提升总部经济带动力，促进现代服务业产业向高端延伸 …… 208
　　四、大力实施品牌战略，扩大现代服务产业的综合影响力 ……… 210
　　五、扩大服务输出，提升广州服务输出的能力 …………………… 212
　　六、打造大型龙头企业，增强现代服务业竞争发展的主体优势 …… 214
　　七、加快各类平台的建设，强化服务业发展的支撑体系 ………… 216
　　八、实施智力集聚与人才集聚工程，建设现代服务业人才高地 …… 217
　　九、政策聚焦，创新机制，优化服务业发展政策和制度环境 …… 219

参考文献 …………………………………………………………… 221

第一章

现代服务业竞争力评价的意义与特点

一、对城市现代服务业竞争力展开评价研究的意义

国际上关于竞争力的研究经历了从国际——产业——城市（区域）竞争力的演变过程。以迈克尔·波特为代表，学术界关于产业竞争力研究已经相对成熟。国内许多地区多从应用性对策研究出发，就如何评估及提升区域产业竞争力，尤其是工业竞争力进行了深入研究。近两年来，随着产

业结构重点的演进，关于服务业竞争力的研究成果开始出现，但从这些研究的内容来看，其评价主要限于服务业总体和结构竞争力两个方面，对服务业的评价视角及其他方面的能力缺乏考察，且评价方法过于单一，主要使用主成分分析法和竞争优势系数法。总体上看，产业竞争力研究主要集中于宏观经济尤其是工业领域，但随着评价方法的成熟，近期开始出现由宏观经济向微观行业（企业），由工业制造业为主向高新技术及现代服务业领域深化拓展的趋势，服务业竞争力研究正逐步兴起。

2008年，广州确立了"以现代服务业为主导"建立现代产业体系的新战略，当时，城市决策层曾就广州现代服务业竞争力状况向社会各界提出咨询，但这一需求未能得到充分满足。因为，服务业竞争力研究是一项复杂工程，覆盖众多性质不同从而衡量指标也大不相同的行业，且从理论阐释、框架构建、维度设定、数据采集、指标处理、模型测算到评价分析，工作量巨大，短期内难以完成。迄今为止，国内尚没有一项针对城市现代服务业竞争力状况的详尽报告。

因此，本书在理论和实践上就具有双重意义和目的：第一，丰富产业竞争力研究，尝试构建服务业竞争力的多维度评价模型，从某种程度上看也具有填补研究空白的性质，从而为产业竞争力研究做出一定的理论贡献；第二，顺应实践决策的需求，帮助城市决策层从总体上全方位地把握广州服务业综合竞争力水平和格局，了解服务业各行业及业态的比较优势，认识服务业发展的主要差距和制约，提出推进服务业竞争力提升的策略及政策建议，从而为城市产业的规划、管理和决策提供必要参考。

二、城市现代服务业竞争力评价的特点

由于服务业行业涵盖面广，内部性质差异大，活动形式多样化，因

此，关于服务业的竞争力评价具有如下一些突出特点：

(一) 行业特性的复杂性

与其他产业相比，服务业行业特性复杂。这种复杂性主要表现在各个行业产业活动性质差异较大、产业分类、统计及行业界限不够明晰以及新兴业态不断出现等诸方面。

首先，服务业分类较为复杂。关于服务业分类，出于研究或政策制定的需要，研究机构和政府部门作了许多分类。尤其是在现代服务业分类方面，国内各城市标准不一。服务业自身性质与活动的复杂性是导致服务业分类困难的最主要原因。与制造业标准性较高不同，服务业在活动性质、业务内容、活动方式、业态模式等方面差异性非常大，归类比较难。WTO试图对服务业进行科学分类，把服务业分为12个大类，55个子类，114个小类，但并未获得世界广泛认同。我国第一次经济普查编制了《行业统计分类标准和目录汇编》，将服务业分成14个门类和46个大类，但这仍然远不能满足现实的经济管理、指导和发展的需要，特别是对一些典型而重要的跨行业新兴产业无法进行有效统计，如物流、旅游、文化、中介服务、信息服务、创意产业、服务贸易等，使得相关数据也极其难得。因此，行业分类标准复杂导致了服务业统计的困难，统计数据获取就成为分析评价的最大障碍，在缺乏统一指标及数据的情况下，如何采取替代分析工具变成一项非常重要的工作，这必须进行评价方法的创新。

其次，服务业产业界限趋于模糊化及新兴业态不断出现。近年来，随着产业融合化趋势的出现和深化，服务业产业界限趋于模糊化，这比较突出地表现在服务业之间的融合以及服务业与制造业的融合方面。例如，制造业"服务化"日益明显，生产环节前的工业设计和产业规划、生产过程中流程管理及专业服务、生产环节末端的营销策划、物流运输等专业服务，构成极具战略意义的现代生产性服务业，将这些生产性服务独立统计或从制造业中分离出来进行研究非常必要，但目前还没有可行的方法进行这种剥离及统计。此外，新兴业态不断出现，也进一步加大了服务业竞争力评价的难度，如电子商务、总部经济、连锁经营、物流配送、服务外包等，构成了现代服务业的重要内容和竞争力的关键因素，这些新业态的评价指标显然又不同于产业的评价指标，从而对评价体系的稳定性构成新的挑战。

（二）评价维度的多向性

考虑到服务经济的复杂性，本书对服务业综合竞争力进行多维度的评价，力图保持评价分析的全面性和科学性。首先从竞争力理论、服务业特性出发，深入分析影响和决定产业竞争力的因素，阐述产业竞争力的形成机制，在此基础上，构建适当的评价体系。本研究的产业竞争力评价上体现为多个维度和层次：首先，进行服务业总体竞争能力的评价，同时为弥补总体竞争力评价抽象化缺陷，又进行深入的分项竞争能力分析，包括结构竞争力、产业创新能力、产业聚集能力、服务输出能力、产业可持续发展能力等方面，因为后者在某种程度上是说明前者竞争力强弱的重要解释性因素。其次，在对广州现代服务业总体竞争力进行分析时，既在可比性较强的"五大国家中心城市"之间展开，也注重从区域竞争出发专门对"穗深港"三大珠三角中心城市服务业竞争力进行评价，此外，为凸显差距，还将广州与主要国际大都市服务业竞争力进行了比较。再次，本研究竞争力评价既进行宏观分析，又兼顾微观分析。在进行广州服务业竞争力总体评价的同时，主要以龙头企业为例，对服务业重点行业的企业竞争力进行分析。最后，本研究既注重产业层面的竞争力评价，也适当对服务领域的新业态进行简单的竞争力比较，以适应服务经济的特点而达到服务业竞争力评价的全面性。

（三）评价方法的灵活性

在本书中，服务业竞争力评价方法灵活多样。在研究方法上，将测评分析、结构分析和策略分析相结合，综合运用产业经济学、发展经济学、竞争力理论等相关经济学理论和文献调查、实证分析、比较研究、案例解剖、定量分析、专家咨询等调研方法，对广州现代服务业竞争力问题进行定性与定量、规范与实证、宏观与微观、战略和战术等相结合的系统研究。

此外，从评价方法来看，既有定量分析，也有定性分析。具体而言，数量分析方法包括层次分析法、综合模糊评价法、竞争优势系数法、重点指标法和主成分分析法等，定性分析包括德尔菲法以及重点行业领域发展成效比较法等。从评价方式来看，既有广州与国内其他城市横向比较，也有广州自身纵向比较；既有横向界面数据比较分析，也有时间序列数据比较分析。从评价工具使用来看，不同角度分析采用相应的评价工具，并不拘泥于某一特定的分析工具。例如，在现代服务业分项竞争力评价及相关度分析方面，主要采用重点指标比较法；在现代服务业新型业态竞争力评价方面，主要采用优势竞争系数法和重点指标比较法；在服务业龙头企业竞争力方面，主要采用重点指标比较法等。

第二章 现代服务业综合竞争力的影响因素和评估框架

一、现代服务业综合竞争力的内涵

近两年来,随着产业结构重点的演进,关于服务业竞争力的研究成果开始出现,比较典型的包括《中国现代服务业国际竞争力研究》(国讯网,2009)、《广东服务业国际竞争力的总体评价》(庄丽娟,2007)、《提升区域服务业竞争力的对策研究》(尚慧丽,2010)等,但从这些研究的内容看,其评价主要限于服务业总体和结构竞争力两个方面,对服务业的评价视角和评价方法也过于单一。为此,本书拟从现代服务业及其综合竞争力的内涵分析出发,在适当分析决定和影响服务产业竞争力的主要因素的基础上,构建现代服务业综合竞争力的评价体系,并衍生应用于其他的评价视角。

(一) 何谓"现代服务业"

从狭义上讲,现代服务业是相对于传统服务业而言的。传统服务业是指为人们日常生活提供各种服务的行业,这些产业大都历史悠久,如饮食业、旅店业、商业等。而现代服务业是在工业比较发达的阶段产生的,主要是依托于信息技术和现代管理理念发展起来的,是信息技术与服务产业结合的产物。具体包括两类:一类是直接因信息化及其他科学技术的发展而产生的新兴服务业形态,如计算机和软件服务、移动通信服务、信息咨询服务、健康产业、生态产业、教育培训、会议展览、国际商务、现代物流业等;另一类是通过应用信息技术,从传统服务业改造和衍生而来的服务业形态,如银行、证券、信托、保险、租赁等现代金融业,建筑、装饰、物业等房地产业,会计、审计、评估、法律服务等中介服务业等。它们通过其各种服务功能,有机联结社会生产、分配和消费诸环节,加快人流、物流、信息流和资金流的运转。

从广义上来看,现代服务业是一种现代化、信息化意义上的服务业,是指在一国或地区的产业结构中基于新兴服务业成长壮大和传统服务业改造升级而形成的新型服务业体系,体现为整个服务业在国民经济和就业人口中的重要地位以及服务业的高度信息化水平等方面,具有高人力资本含量、高技术含量、高附加值"三高"特征,发展上呈现新技术、新业态、新方式"三新"态势,具有资源消耗少、环境污染少的优点,是地区综合竞争力和现代化水平的重要标志。可见,现代服务业是一个动态概念和不断进化更新的概念,随着经济社会的发展,还会拓展新的领域,增加新的内容,应用新的服务方式,此时为现代服务业,彼时则为传统服务业。从以上意义上讲,现代服务业应包括有可能实现现代化、信息化运作的所有服务行业。

(二) 现代服务业综合竞争力的内涵

作为现代产业三大范畴之一,现代服务业是产业经济学研究的重点之一。由此，对现代服务业综合竞争力的研究必然首先溯源于产业竞争力的一般理论（Industrial Competitiveness）。产业竞争力理论也称国家竞争优势理论，这是竞争战略和国际竞争力领域的国际权威之一——哈佛商学院著名学者迈克尔·波特教授首先提出来的。

对于产业竞争力的含义，学术界一直存在较大的争议。不同学者从不同的角度对产业竞争力的定义进行了诠释，主要有：**经济环境说**，波特（2002）在《国家竞争优势》一书中指出，一个国家的经济环境、组织、机构与政策在产业竞争优势中所扮演的角色，可以找出一个国家可以维持产业竞争优势的那些因素。**生产力学说**，金碚（2003）指出，产业竞争力是一国特定产业通过在国际市场上销售其产品而反映出来的生产力，产业竞争力就是一国的某一产业能够比其他国家的同类产业更有效地向市场提供产品或者服务的综合素质。**比较优势+竞争优势说**，裴长洪（1998）指出，产业竞争力是区域产业的比较优势和它在一般市场绝对竞争优势的总和。**综合能力说**，该种观点认为，产业竞争力是指某一产业在合理、公正的市场条件下，能够提供有效的产品和服务的能力，这种能力是产业的供给能力、价格能力、投资盈利能力的综合（盛世豪，2003）。**效率能力说**，张超（2002）认为产业竞争力是指属于国家的同类产业之间效率、生产能力和创新能力的比较以及在国际间自由贸易条件下各国同类产业最终在市场上的竞争能力。

其中，最应引起我们重视的是迈克尔·波特教授的理论和观点。他认为国家的财富主要取决于本国的生产率和所能利用的物质资源。他认为一个国家经济发展及其产业竞争力水平，并非只与政治环境和宏观经济条件相关，微观经济基础也起重要的作用[①]。他认为一国的竞争力集中体现在其产业在国际市场中的竞争表现，而一国的产业能否在国际竞争中取胜，取决于四个因素：生产要素、需求状况、相关和支持产业、企业战略结构

---

① 城市竞争优势与城市竞争力. 决策信息，2003 年 2 月（6）。

与竞争程度。此外，政府的作用以及外部机遇因素也具有相当大的影响力。这六大要素构成了著名的"钻石模型"。此外，我国上海社科院厉无畏教授的观点也值得借鉴，他认为产业竞争力是由产业的竞争优势决定的，而产业的竞争优势又是由一系列因素决定的，包括投入要素的数量和质量、产业组织效率、要素组合效率、创新能力、对外合作效率、文化力量以及产业政策的作用等。

通过上述有关竞争力的理论及观点的归纳可以看出，各种有关竞争力的定义存在一定差异，如亚当·斯密和李嘉图主要从成本角度来考虑竞争优势，道格拉斯·诺思强调制度因素对竞争力的核心作用，波特强调产业发展环境的作用、《世界经济论坛》注重从产业基本活动单位——企业的表现出发来考察，中国社科院侧重于竞争力的直观表现，上海社科院厉无畏教授侧重于一系列软、硬要素结合的深层原因。

综合以上论述，本书认为产业竞争力应包含如下涵义：

——**从直观表现看**　产业竞争力是一国或地区特定产业之产品在国际市场上所具有的开拓市场、占据市场并以此获得利润的能力，它最终通过产品或服务的市场占有份额和盈利能力来衡量；

——**从深层原因看**　产业竞争力归根结底是各国或地区的同一产业或同类企业之间相互比较的生产力，而比较生产力可通过一些衡量指标如产业结构、产业组织、产业效率、产业技术创新能力等予以反映；

——**从环境因素看**　产业竞争力还要考虑到所在地区的发展环境（文化、体制、政策、市场、基础设施等）是否适于某一产业的生存和发展，从而对其竞争力产生深刻而潜在的影响；

至于服务业竞争力，它同工业竞争力一样，是产业竞争力的重要构成部分之一。在当今全球化和信息化不断深化的背景下，由于各国或城市服务业之间的竞争也主要表现为产业现代化水平不断提升的过程和能力，因此，**服务业竞争力亦可称现代服务业竞争力，是指一国或地区现代服务业及其企业相对于他国或地区现代服务业在规模扩张、结构升级、生产效**

率、满足需求、持续获利等方面所体现的综合能力，其实质是服务产业的比较生产力，即企业或产业能够以比其他竞争对手更有效的方式均衡而持续地提供消费者愿意接受的服务产品，并由此获得必要的经济收益的能力。

二、现代服务业综合竞争力的决定和影响因素分析

本研究在对国内外相关成果进行充分研究借鉴的基础上，对于决定和影响现代服务业综合竞争力的重要因素，总体上是基于这样的考虑：

首先，关于产业竞争力，几乎所有的研究都将产业规模、结构和效益（或效率）作为竞争力评判必不可少的基本因素，也必然成为构建现代服务业评价指标体系的关键和核心成分，不过这更多的是站在供给层面的支撑因素。

其次，在充分考虑规模、结构、效益（或效率）的前提下，基于当前"买方市场"的基本特征与背景，影响市场需求的各种因素对服务业未来竞争力提升也十分关键，因此还要充分考虑需求方——市场潜力的状况，并把这一要素作为重要衡量指标之一。

再次，在信息化加速渗透背景下，信息化以及与之相关的创新能力越来越决定着服务业的现代化水平，特别是在信息技术的支撑下，可以衍生出许多新服务业态和新服务方式，如物流配送、连锁经营、电子商务、服务外包等，因此，必须考察影响服务业现代化水平的创新能力以及对新服务业态进行专门的重点考察。

最后，经济发展环境的优劣是一个城市现代服务业未来发展潜力的极

其重要的决定因素,虽然经济环境方面的软指标较多,但对考察现代服务业竞争力同样不能忽视。特别是在经济全球化背景下,对外开放及产业国际化水平也日益成为衡量现代服务业发展的重要因素,构成影响现代服务业竞争力的一个关键性的环境因素。

三、现代服务业综合竞争力评估框架的构建

由于现代服务业行业构成及其经营活动的复杂性和特殊性,本书必须从多个因素、多个角度和多个维度对其进行全方位的考察和评价。

首先,在考虑现代服务业竞争力评估框架时,必须注意现代服务业发展的特殊性:一是现代服务业对空间布局要求更高,尤其是在发展方式上高度倚重和依赖空间集聚效应的发挥;二是创新能力是产业竞争力的基础支撑之一,但与工业制造业主要依靠技术创新相比,服务业创新能力更多地体现为业态创新、商业模式创新和政策创新等软件方面;三是产业竞争力在很大程度上体现为商务环境因素的支撑,但服务业更多地倚重人才、信用、标准、品牌、政策、体制等软性环境的有效支持。因此,在构建评估体系时,必须充分考虑服务业发展的以上特殊因素和方面。

此外,对于构建批发零售业产业竞争力的指标体系,还必须注意把握以下原则:一是要把产业发展的内部条件和外部环境结合起来。任何产业的竞争力首先立足于其本身所具备的一些内在条件,如资金、人才、技术、市场结构、行业规范、行业基础设施等,同时还必须依赖一些必不可少的外部资源的支撑,如区位条件、经济发展水平、人均收入、人口密度、科技水平、开放程度等。二是把静态指标与动态趋势结合起来。产业竞争力研究既要考察产业现有的规模、总量、结构、效益、技术水平等静态指标,也要注重考察这些指标的变动方向和速度,把静态指标和

动态趋势有机结合，才能全面评判产业竞争力水平和格局。三是把定性研究与定量分析结合起来，服务业竞争力的研究，首先要重视数量分析，用指标和数据说话，同时，有些因素却难以量化或同步量化，但这些因素对评价竞争力也十分重要，必须以事实、案例或发展成效加以适当考察。

基于前述对现代服务业竞争力内涵的分析，参照国内有关产业尤其是服务业竞争力评价的相关研究成果，根据现代服务业竞争力构建指标体系的基本原则，我们拟从产业规模、产业结构、产业效率、产业创新能力、产业集聚能力、产业对外开放与拓展能力、产业发展环境（或可持续发展能力）等方面，以及从产业、行业、企业、新业态、国际竞争力等维度来全方位地评价广州现代服务业综合竞争力。具体评估框架如图2-1所示：

● **广州现代服务业总体竞争力评价**，主要由产业规模、结构、效率、潜力等方面构建"四因素"评价指标体系。

● **广州现代服务业分项竞争力评价**，主要从产业的结构优化升级能力、综合创新能力、空间集聚能力、服务输出能力、可持续发展能力等五大分项考察现代服务业综合竞争力，这些分项竞争力在很大程度上解释和决定了现代服务业总体竞争力的强弱。

● **广州现代服务业新型业态竞争力评价**，主要就总部经济、服务外包、创意产业、电子商务等四大新服务业态发展水平进行国内比较。

● **广州现代服务业龙头企业竞争力评价**，主要就批发、零售、银行、证券、房地产、机场、港口、软件等八大领域的龙头企业竞争力进行考察，以把握广州在这些行业的国内竞争实力和地位。

● **广州现代服务业国际竞争力评价**，主要利用四个重点指标就广州服务业的国际化水平及境外输出能力进行考察。

第二章 现代服务业综合竞争力的影响因素和评估框架

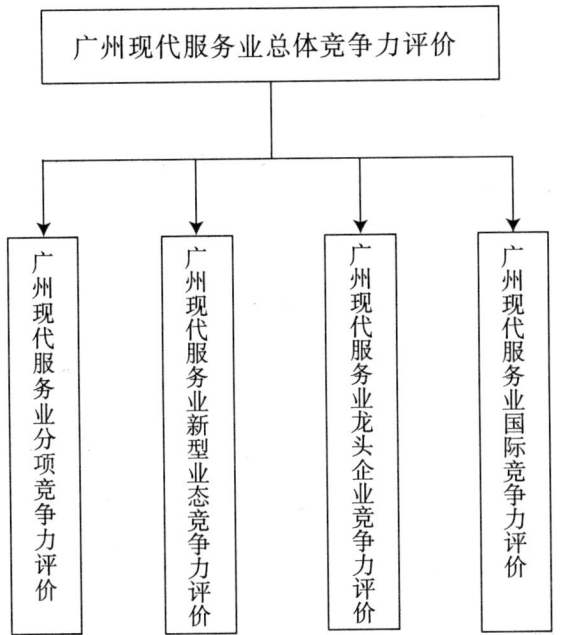

图 2-1 广州现代服务业综合竞争力评估框架

四、现代服务业综合竞争力评估方法的选择

完成了对评价指标体系的建构之后，就需要确定各评价维度的适宜的评价方法，由于现代服务业竞争力评价是一个系统的概念，因此必须采取综合评价的方法。根据我们的经验和对国内一些研究成果所运用的竞争力评价方法的总结，目前，在实践中常用的可供选择的评价方法主要有以下几种：

（一）层次分析法

本书采用实践中广泛应用的层次分析法（AHP）来确定指标的权重。

该方法的核心是将决策者的经验判断给予量化,从而为决策者提供定量形式的决策依据,在目标结构复杂且缺乏必要数据的情况下更为实用。

构造判断矩阵是运用层次分析法中的关键步骤之一,它是根据掌握的信息,针对准则层,两两比较重要性,并按 Satty 的 1~9 比率标度法(9 为极其重要,5 为明显重要,1 为同等重要,1/5 为不重要,1/9 为极不重要,中间值依次类推)对重要性程度赋值而得出的矩阵。

$$A=(a_{ij})_{n\times n}$$

式中 a_{ij} 就是表示第 i 个因子 a_i 与第 j 个因子 a_j 相对重要性比较而获得的标度值。

本书采用方根法进行层次分析法的计算。首先,列出各因子之间相对重要性的标度值矩阵,并计算判断矩阵的每一行元素乘积的 n 次方根 T_i:

$$T_i = \sqrt[n]{\prod_{j=1}^{n} a_{ij}} \quad (i=1,2,\cdots,n)$$,其中:n 为评价因子的数目。

并求出各评价因子的权重值 W_i:

$$W_i = \frac{T_i}{\sum_{i=1}^{n} T_i} \quad (i=1,2,\cdots,n) \quad W=[W_1,W_2,\cdots,W_n]^T$$,则即为所求的特征向量。

为了确定各评价因子的相对重要性,可以通过向相关专家及学者发放问卷,再对原始有效数据的整理,计算得出各评价指标的权重值及其排序。准则层指标权重也可以根据经验设定,这并不影响城市综合服务功能比较研究。

(二)综合模糊评价法

模糊综合评价法(fuzzy comprehensive evaluation method)是一种基于模糊数学的综合评标方法。该综合评价法根据模糊数学的隶属度理论把定性评价转化为定量评价，即用模糊数学对受到多种因素制约的事物或对象做出一个总体的评价。它具有结果清晰，系统性强的特点，能较好地解决模糊的、难以量化的问题，适合各种非确定性问题的解决。

模糊综合评价法的最显著特点是：首先，相互比较。以最优的评价因素值为基准，其评价值为1；其余欠优的评价因素依据欠优的程度得到相应的评价值。其次，可以依据各类评价因素的特征，确定评价值与评价因素值之间的函数关系（即：隶属度函数）。确定这种函数关系（隶属度函数）有很多种方法，例如，F统计方法，各种类型的F分布等。当然，也可以请有经验的评标专家进行评价，直接给出评价值。

（三）竞争优势系数法

该方法一般认为某一产业的竞争力高低主要取决于市场占有率、增加值率、利润率、劳动生产率等多个反映竞争力结果和原因的关键性因素。根据这一观点，产业竞争力可以用竞争优势系数 K_i 来反映，其计算公式为：

$$K_i = A_i \times B_i \times C_i \times D_i = \frac{P_{Ai}}{P_A} \cdot \frac{P_{Bi}}{P_B} \cdot \frac{P_{Ci}}{P_C} \cdot \frac{P_{Di}}{P_D}$$

上式中，A_i、B_i、C_i、D_i 分别是市场占有率因子、增加值率因子、行业利润率因子、劳动生产率因子等，P_{Ai}、P_{Bi}、P_{Ci}、P_{Di} 分别为某一产业的市场占有率、增加值率、利润率、综合要素生产率，P_A、P_B、P_C、P_D 分别为全国该产业的市场占有率、增加值率、利润率、劳动生产率。

（四）重点指标比较法

在不同城市的比较中，会存在一些城市数据不全的情况，或者某个指标能够非常好地反映某一行业的某方面的情况。在这些情形下，可以选取几个较具代表性的重点指标进行比较分析。

（五）主成分分析法

主成分分析方法（Principal Component Analysis），简称PCA，是通过原始变量的线性组合，把多个原始指标简化为有代表意义的少数几个指标，以使原始指标能更集中更典型地表明研究对象特征的一种统计方法。主成分分析方法的基本思想是因为各原始指标之间往往不是相互独立的，而是不同程度地存在着某种相关关系，这种情况在实际问题中一般是不可避免的。这些相关性会造成原始指标信息重叠，降低指标作用，对以后的计算产生误差，同时繁多的指标会增大计算量。为克服此困难，很自然就会想到降维的方法，通过对原始变量相关矩阵内部结构关系的研究，找出影响某一经济的 m 个综合指标，这 m 个综合指标为原来 p 个变量的线性综合（一般 m 比 p 要小得多），综合指标不仅保留了原始变量的主要信息，彼此之间又不相关，又比原始变量具有某些更优越的性质，使得我们在研究复杂的经济问题时容易抓住主要矛盾。此外，如何将多指标综合为一个统一的评价值，这实质上就是怎样科学地确定各个指标的权重问题。主成分分析方法正是在这两方面显示了其独特的作用。具体来说，每一个综合指标就是一个主成分，记为 y_i（i = 1，2，…，m），每一个主成分用原来指标的线性组合来表示，要求这些主成分既能尽可能地反映原指标的信息量，又使各个主成分彼此不相关，达到消减指标间信息重迭的目的。这 m 个主成分从原来指标所提供的信息总量中所提取的信息量依次递减，每个主成分 y_i 所提取的信息量用方差来度量，且主成分方差的贡献就等于原指标相关矩阵相应的特征值 λ_k，每一个主成分的组合系数就是相应特征值 λ_k 所对应的特征向量 L_k，方差的贡献率，a_k 若越大，则说明相应的主成分综合信息的能力越强。

$$\alpha_k = \lambda_k (\sum_{i=1}^{p} \lambda_i)^{-1}$$

主成分分析的目的之一是减少指标个数，在实际应用中，一般取累计贡献率 $D_k \geq 90\%$ 的前 m 个主成分就够了。另外，每一个主成分都分别代表特殊意义，能说明研究对象的某一方面特征。如果人们只对研究对象的某一特征关心，则可以按这一主成分进行排序，从中获取所需的信息。

第三章

广州现代服务业发展历程与现状特点

改革开放以来,广州服务业占GDP比重除了在上世纪九十年代出现停滞并一度反转以外,总体呈阶梯式上升趋势。1998年,广州服务业增加值占GDP比重达到50%,初步确立了全面超越第二产业的格局,到2009年,广州服务业增加值占GDP的比重已超过60%,稳超第二产业而占据主体地位。通过实施《广州市现代服务业"十一五"发展规划》一系列规划政策,广州现代服务业进一步发展,重点服务领域和集聚区建设成效显著,城市集聚辐射和综合服务功能进一步增强,现代服务业地位和作用日益提升,对城市经济发展、就业等贡献不断增强,对外开放程度显著提高,空间布局趋于优化,以服务经济为主的产业结构正在形成,并逐步成为城市增长的核心驱动力。

一、广州现代服务业的崛起与发展

(一)产业结构稳步升级,有力推动了广州现代服务业的崛起

进入新世纪之后,中国经济逐步步入历史少有的"黄金发展期",广州产业结构也出现不断优化升级的良好态势。这一期间,广州以电子信息、汽车、房地产为代表的新一代支柱产业开始形成,高新技术产业迅猛发展,重化工业高速崛起,产业结构稳步趋向高级化,迅速崛起的先进制造业和高新技术产业,对以物流、会展、信息、科技研发为代表的现代服务业形成了巨大需求和强力支撑,服务业尤其是现代生产性服务业成为新的经济增长点,在国民经济中的比重稳步上升。到2010年,广州产业结构已上升为1.8:37.2:61(见图3-1),其中,第三产业所占比重已大大超过第二产业而居主体地位。可以说,正是以重化工业和高新技术产业为代表的产业结构升级,成为广州现代服务业崛起的主动力。

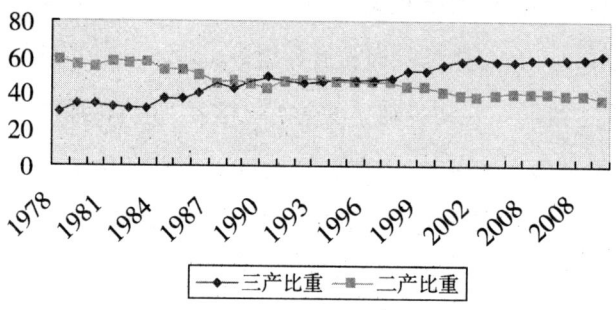

图 3-1 改革开放以来广州市第二产业与第三产业变动趋势①

---

① 资料来源:《广州市统计年鉴2010》。

（二）消费结构不断升级，拉动了广州新兴生活性服务业的大发展

消费结构的升级与人均收入水平的快速上升紧密相关。自2000年以来，广州的人均GDP已从不到5000美元快速上升为2010年的12882美元，伴随着人均收入水平的不断提升，广州居民消费结构逐步由以基本需求为主向较高层次不断升级，从通信产品、电脑，到文化、旅游、娱乐，再到商品住宅、小轿车等，以及到最近的3G、物联网、网上购物等等，消费热点此起彼伏，层出不穷，其中，居民消费需求增长最快的是教育、娱乐、文化、交通、通讯、医疗保健、住宅、旅游等新兴服务消费方面，尤其是与IT、汽车以及房地产业相联系的新兴生活性服务消费增长最为迅速。由此可见，持续不断的消费升级趋势直接拉动了新兴生活性服务业的大发展。

（三）信息化的不断推进，加速了广州传统服务业的升级换代

近年来，广州信息化的步伐进一步加快，大力发展3G移动通信网络、下一代互联网和数字电视网络，实现网络、终端和业务层面的三网融合；建设光纤到户的宽带接入网、覆盖城区的无线局域网和双向互动的有线数字电视网；全面实现政府业务管理的数字化、网络化，优化业务流程；推动生产性服务行业信息化水平，建立数字化、宽带化和智能化的交通运输网络系统，加快推进物流信息化，建立服务珠三角、泛珠三角区域的南方国际物流信息平台，以RFID应用为重点推广物品编码技术应用，提升广州电子口岸集成化协同能力，积极推进旅游、餐饮等生活性服务行业的信息化，完善基于互联网的中小企业信息服务等公共平台建设，提高中小企业信息化水平。信息化推动了广州电子商务的快速发展，行业性交易平台建设取得新突破，汽车、钢铁、石化、电子信息、旅游、航空等行业电子商务发展势头良好。第三方电子商务平台快速发展，塑料、钢铁、证券、信息等行业培育了一批跨区域的电子商务平台，初步形成"广州价格"和"全球采购、广州集散"的新模式，面向消费者电子商务应用迅速发展，广州地区民航、铁路、公路普遍采取电话订票或网上购票，实现全市各售

票点同步售票，减少旅客盲目排队等候的时间，方便旅客就近购票。电子商务安全认证体系逐步健全，数字证书在税务、社保、工商、政府采购、网上交易等领域得到广泛应用。物流信息服务体系渐成规模，广州邮政、宝供物流、华新集团等大型物流企业基本实现了物流、信息流、资金流"三流一体化"供应链管理。电子商务统一支付网络联通19家银行，广东银联等第三方在线支付服务加快普及，网上支付逐步推开。金融服务业利用互联网进行服务方式、服务手段和服务产品的创新；电话银行、网上银行、信用评级系统、信用卡支付系统的使用，提高了金融服务的效率和质量。公共服务中，电子政务、远程医疗技术、人工智能、远程教育、网上培训、网络传媒等更新了医疗服务、教育服务、文化服务的手段。

（四）产业融合化的不断推进，丰富了广州现代服务业的经济业态

从20世纪70年代开始，以信息技术为核心的高新技术在世界范围内迅速发展和扩散，一些建立在传统工业经济时代生产分工基础上的产业边界渐渐模糊，在原产业边界处开始融合、生成新的产业类型，这使几百年以来一直以亚当·斯密分工思想为基础的产业理论受到极大挑战。产业融合意味着传统产业边界模糊化和经济服务化趋势，产业间新型的竞争协同关系的建立和更大的复合经济效应，不同产业或同一产业内的不同行业相互渗透，相互交叉，最终融为一体，逐步形成新产业，同时在这一过程中还会发生既有产业的退化、萎缩乃至消失的现象；产业融合不是几个产业的简单叠加，而是新产业与传统产业的融合。产业融合首先表现在制造业和服务业的融合，产生了大量的生产性服务业、科技型服务业的业态，丰富了现代服务业的内容，过去我们都是以生活型服务业为主，产业融合使得广州的服务业跨越到以生产性服务业为主的时代，企业的内部服务外部化，成为企业的新的部门和利益增长点，如广钢企业衍生出物流行业，广州本田、广汽集团汽车生产企业建设研究机构等，都是一种典型的产业融合的表现，促进了广州物流服务业、科技服务业的从无到有的发展，丰富了现代服务业的内涵。产业融合大量发生在服务业的不同行业之间，而以信息服务业领域表现得尤其特出，当信息服务业的新的科技成果融入传统服务业领域，就直接带动这些领域跨入现代服务业的门槛，如手机电视、手机报，还有电子商务、物流配送、建材超市、供应链金融、航运金融业等。产业融合让许多交叉性产业不断出现，形成新的经济增长点，也使得广州现代服务业的业态不断推陈出新。

（五）广州城市发展的新定位，为高端服务业的发展提供了新契机

《珠三角规划纲要》中明确要求广州要强化国家中心城市、综合性门户城市和区域文化教育中心地位，建设成为广东宜居城乡的"首善之区"，建成面向世界、服务全国的国际大都市。为有效履行这一系列新的国家使命，广州必须着力增强集聚辐射能力和综合服务功能，真正成为为珠三角、华南地区乃至全国服务的"领头羊"，拥有服务周边地区的总部经济、金融控制、物流枢纽、信息中心、技术支援、文化引领、知识生产基地等方面的功能，这些功能要求激发了广州高端服务业的发展，推动了广州金融保险业、科技服务业、文化产业、知识服务业、物流业的发展，为广州现代服务业发展提供了契机。近年来，广州现代服务业集聚发展态势初步形成，逐步形成以空港、海港为依托的现代物流园区，金融、商务、会展业集聚发展的中央商务区以及科技产业创新发展区，正在形成以"服务经济"为主体的产业结构和国家级的服务业中心，这种城市地位和产业演变趋势无疑为高端服务业的发展提供了有利契机。

二、广州现代服务业在城市经济和区域经济中的地位变化

（一）现代服务业在广州城市经济中的比重稳步上升

近年来，广州经济发展已逐步显示出由工业经济向服务经济的转型特

征。1998年，广州服务业增加值在城市GDP中的比重为50%，而到2010年，这一比重已达61%，十年间上升了十多个百分点；与此同时，广州市"现代服务业"（本市口径）占服务业的比重也相应地由2004年的71.9%上升为2009年的75%，这表明现代服务业在广州城市经济中的地位处于稳步上升的态势。从实践上看，2008年，广州正式确立了"以现代服务业为主导"的新经济发展战略，首次将大力发展现代服务业摆到了建设现代产业体系的首位，充分体现了现代服务业在带动广州城市经济发展中的主导地位和作用。

（二）现代服务业对广州城市经济的渗透带动作用日益增大

近年来，随着产业结构的不断升级，广州现代服务业的渗透增值效应和配套支持功能逐渐凸显，并对制造业形成了更大的推动作用，如：信息化对制造业产生了巨大的效率提升作用，服务外包有效降低了制造业的生产运营成本，总部经济对制造业形成强大的控制引导作用，生产服务业推动了制造业"服务化"，现代服务业的不断渗透加速了工业园区向服务园区转型，等等。由此可见，随着现代服务业的崛起，特别是生产性服务业大规模从产业链中独立出来，引动了社会产业链的重组、产业结构的蜕变和整个生产管理方式的创新，使现代服务业的发展成为制造业高端化、农业现代化、高新技术产业发展以及传统服务业改造提升的核心驱动力。

（三）广州现代服务业对区域经济的辐射带动作用日益增大

随着广州中心城市地位的提高和经济实力的不断增强，其现代服务业日益摆脱对本地制造业和居民消费的依赖，转而寻求从对外服务中获得发展的持续动力。特别是随着现代生产性服务业的崛起，将必然导致区域产业链的重构：具有高智力密集、高人力资本含量的生产性服务业向中心城市集聚，而低附加值、低技术含量的中低端制造业进一步向周边地区转移扩散，从而进一步强化中心城市广州的服务职能。自上世纪90年代以来，广东省工业中心出现了由广州向珠三角地区加速转移的趋势。在这种情况下，广州生产性服务业必然向外拓展以寻求更大的市场空间。本书利用相关性检验验证了广州生产性服务业与珠三角工业（主要利用广东省数据）之间的相关关系，测度结果表明，除金融业外，广州主要生产性服务业与珠三角工业发展间存在较为明显的强相关，而且，随着时间的推移，这种相关度都普遍呈现不断提高的趋势（见表3-1）。从实践上看，广州南方人才市场的服务，其中80%的业务量是针对珠三角地区的企业服务的；广交会及其他一批高层次展会是为境内外的客商提供服务的，广州目前已经成为全国三大会议及国际体育赛事举办城市之一；广州的高等教育、医疗资源服务直接辐射全省乃至全国和港澳地区。理论验证及实践均表明，广州现代服务业对珠三角经济的辐射力和带动力不断增大。

表3-1 广州生产性服务业与广东工业制造业间的相关性检验

时期	服务行业	交通运输、仓储和邮政业	信息传输、计算机服务和软件业	金融业	房地产业	租赁和商务服务业	科学研究、技术服务和地质勘查业
广东工业	1990-1998	0.846	0.934	0.828	0.967	0.934	0.970
	2000-2008	0.956	0.987	0.873	0.989	0.996	0.989

注：以上数据在0.01的显著水平上通过检验。信息传输、计算机服务和软件业1990-1999年的增加值是以电信局业务总量年增长速度作为其增长速度估算；租赁和商务服务业1990-2003年的增加值以社会服务业同年增加值增长速度作为其增速估算。

数据来源：《广州统计年鉴》与《广东统计年鉴》相关年份数据整理计算所得。

三、广州现代服务业发展的现状与特点

（一）总量规模大

广州市服务业较为发达，产业规模在国内主要城市中处于前列。2010

年，广州服务业增加值达6465亿元，仅次于北京、上海之后居国内城市第三位，在实际规模上远远超过了天津、苏州、杭州等后起"追兵"城市；同时，广州服务业增加值占城市GDP的比重也高达61%，仅次于北京居全国主要城市第二位，超过了上海，已率先步入了所谓的服务经济（见表3-2）。因此，无论从绝对规模还是相对规模看，广州都充分展示了作为华南最大中心城市的服务实力。

表3-2　广州与国内主要城市服务业规模情况比较（2010）

城市 项目	广州	上海	北京	深圳	杭州	天津
城市GDP（亿元）	10604.48	16872.42	13777.9	9510.91	5945.82	9108.83
服务业增加值（亿元）	6464.79	9618.31	10330.5	4981.55	2893.39	4121.78
服务业增加值占城市GDP比重（%）	61.0	57.0	75.0	52.4	48.7	45.3

数据来源：各城市2010年国民经济和社会发展统计公报。

（二）企业活力强

改革开放以来，广州微观经济一直呈现出较强的发展活力，这不仅表现在广州各类市场主体的数量高速增长上，也表现在外来投资和民营经济较为活跃上。尤其是在经济形势极为严峻的国际金融危机期间，广州服务业微观领域企业总量却依然在不断增加，这可以从2005到2010年广州市第三产业就业人数变化的数据得到佐证（见表3-3）。

表3-3　广州市第三产业就业人口增长状况（2005-2010）

年度	2005	2006	2007	2008	2009	2010
人数（人）	2401083	2587664	2863678	3158035	3270710	3615001

数据来源：广州市统计局。

从 2005 到 2010 年广州服务行业就业人口变动情况就可以清楚地看出，广州市服务业就业人口一直呈增加态势，表明广州服务业主体的活力十分强劲，并且吸引了越来越多的就业人口。这种超强的企业活力，究其原因，主要与广州作为知名商业性城市的巨大活力、相对成熟的市场化机制、开放包容的岭南文化以及外向型经济的发展特征等诸因素有关。

（三）产业体系全

从生产性服务业到消费性服务业，从分配性服务业到公共性服务业，从传统服务业到现代新兴服务业，广州无疑都形成了比较完整的服务体系和相关产业链，形成了珠三角公认的综合服务中心。广州传统上就是一个服务业占主导地位的城市，解放初期，服务业的比重超过工业占广州市国民经济的主导地位，1956 年开始，工业的飞速发展开始超过服务业的比重，一直到改革开放以后，广州的服务业发展再度发力，90 年代初期开始超过了工业的发展，并且不断学习引进创新，开始形成了完整的服务业产业体系。根据 2007 年颁布的《广州市服务业产业投资指南》，广州服务业中产业集群竞争优势比较明显的部门有 7 个，包括以"吃在广州"闻名的住宿、餐饮业；以广交会为标志的商务服务业；引领潮流的居民服务和其他服务业；迅速崛起的房地产业；不断发展的交通运输、仓储及邮政业，以及信息传输、计算机服务和软件业与批发和零售业，"广州服务"引领全国潮流。近期，广州推出了《建设现代产业体系规划纲要（2009 – 2015 年)》，优先发展现代服务业，出台的一系列现代服务业实施方案，开始在现代物流、金融保险、商务会展、总部经济、信息服务、科技服务、文化创意、服务外包等新兴服务业领域实现突围，从而使服务产业体系更为健全。

（四）开放程度高

根据广州市第二次经济普查资料，目前广州服务业中，外资资本比重已达 15% 以上，而外资在服务业的产出贡献率大致在 20% ~ 25% 之间，这两个指标虽远低于工业，但却在全国大城市中处于领先地位。同时，广州引进外资质量也在稳步提高，已引进世界500强近174家[①]，微软、英特尔、IBM等世界顶级高科技跨国公司及联邦快递、马士基等国际服务业巨头先后落户广州；引资结构进一步优化，欧美资本比重显著上升，服务业利用外资大幅增长，已超过工业而稳居主体地位；特别值得一提的是，广州在零售市场的资本开放度已非常之高，据省连锁经营协会调查显示，当前外资超市已占据广州全市零售市场份额的一半以上。

（五）服务硬件强

从实际看，广州具备现代服务业发展所必须的各种基础设施。作为综合性门户城市，广州海、陆、空、铁等交通方式齐备，综合交通网络体系发达，拥有一批高等级、大容量、国际化的重大交通设施。广州港已建成华南地区最大国际贸易中枢港，白云国际机场已成为我国三大枢纽机场之一，广州南站是亚洲规模最大的铁路客运站场，而以广州为中心的高速公路网和高速铁路网逐步建成。此外，广州国际会展中心是世界第二，亚洲第一，广州是我国三大信息枢纽和互联网接口之一，广东科技中心、广州大学城和广州科学城都建成了国内一流水平，广州空港综合保税港区成为国内最大的空港保税区，南沙保税港区已进入我国保税物流体系中层次最高、政策最优惠、功能最齐全的海关特殊监管区域行列。总体上看，广州服务业发展的"硬件"设施保障能力十分强大。

---

① 数据统计截止至2011年6月，来源于广州市统计局综合处。

第四章

广州现代服务业总体竞争力评价

本章将通过构建服务业竞争力模型，准确把握广州现代服务业总体竞争力在珠三角、国家中心城市乃至世界大都市体系中所处的地位与格局，找出广州现代服务业竞争力的优劣势、短板与差距，以便于提出有针对性的对策参考。为此，选取北京、上海、广州、天津、重庆、深圳、杭州、武汉、苏州、南京、宁波、青岛、成都、沈阳、大连、西安等16个内地城市，加上纽约、伦敦、巴黎、东京、新加坡以及香港等6个国际都市，合计22个城市来进行现代服务业竞争力的比较和分析。城市选择的标准主要基于以下考虑：其一，广州近期被中央确定为国家中心城市，因而首先应将五大国家中心城市纳入比较范畴；其二，改革开放以来中国经济"版图"发生了巨大的变化，部分城市如深圳、天津、苏州等国内后起的"追兵"型城市已具备挑战广州的实力，其他副省级城市在发展现代服务业方面亦有相当多的经验值得借鉴，且多数城市在改革开放初期的影响力毫不亚于广州；其三，在国内城市普遍追求建设国际化城市的今天，适当地引入国际视野，有助于国内城市认清现代服务业的发展趋势及其与国际大都市在现代服务业竞争力方面的差距，纽约、伦敦、巴黎、东京四个公认的国际大都市理当入选，亚洲的新兴大都市香港、新加坡的成功经验更值得借鉴。

一、评价指标体系的构建

综合前述第二章的研究表明，城市现代服务业竞争力的强弱可从服务业规模、结构、效率、潜力等因子进行评价。因此，本书选取15个指标并分成规模、结构、效率和潜力等四个维度来考察城市现代服务业竞争力（表4-1）。

——**产业规模**。服务业增加值和服务业就业总人数是影响城市现代服务业竞争力规模因子的典型指标，服务业增加值占城市GDP比重在一定程度上很好地表现出城市现代服务业的规模特征。为保持数据的一致性和减少繁琐的计算，在实证研究中，本书采用各城市的第三产业增加值来替代服务业增加值，采用各城市的第三产业就业人数来替代服务业就业人数。

——**产业结构**。从现代服务业结构性表征因素来看，总部经济发展能力指数是一种具有高端控制力的现代服务经济形态。其次，一个城市流通产业占第三产业的比重越高，该城市所处的现代服务业发展阶段和发展层次就越低，因而流通产业占第三产业比重是一个反映现代服务业竞争力结构因子强弱的逆指标，进行实证处理时用该指标的倒数。第三，从发达国家的经验来看，城市服务业发展进入到高级阶段时，物流、信息、金融、商务和科技等生产性服务业将更为发达，并在服务经济中占据主导地位。此外，金融服务是服务经济的高级形态，当今世界最发达的城市大都是国际金融中心，金融产业越发达，表明其服务业结构层次越高。总体上看，可从总部经济、流通产业、生产性服务业、金融业等四项指标表征服务业结构水平。

——**产业效率**。服务业劳动生产率是评价产业效率的核心指标，资本产出率和行业利润率也是衡量服务业效率的关键指标，但数据的可获得性限制了我们将其加入到实证分析中；其次，一个城市行政服务效率的高低也关系到服务企业的运行效率尤其是交易成本水平。因此，将重点以劳动生产率和行政服务效率来衡量服务业的产业效率。

——**产业发展潜力**。从城市现代服务业潜力因子来看，城市人均GDP越高，人均服务消费支出也就越高，未来的服务业发展潜在市场也就越大；其次，服务业固定资产投资为服务业运作提供基础性平台，关键性的行业重大设施既是上游主导服务业发展的重要载体，也是服务业下游产业衍生发展的基础，是未来服务业发展潜力的表现；第三，一个城市用于创新的R&D占GDP比重越高，该城市的创新越具有活力，相应的城市服务创新能力也就越强，服务业发展潜力也越大；第四，高等级、全方位、立体式的综合交通枢纽城市，将会对一个城市的服务输出和辐射范围产生巨大的影响，海、陆、空、铁等交通运输方式齐全的城市具有更大的现代服务业发展潜力；第五，一个城市连续几年的增长率越高，一般表明其经济正处于较具活力的低度开发阶段，未来相对潜力较大，因此，可用近三年服务业平均增长速度来衡量该城市服务业的发展后劲；最后，城市开放和国际化程度可衡量服务业的境外市场潜力。

表4-1 广州市第三产业就业人口增长状况（2005-2010）

城市现代服务业综合竞争力	规模因子	服务业增加值（亿元）
		服务业增加值所占GDP比重（%）
		服务业就业人数（万人）
	结构因子	总部经济发展能力指数
		流通产业占第三产业比重（%）
		生产性服务业竞争力指数
		中国金融中心指数
	效率因子	服务业劳动生产率（万元/人）
		行政服务效率指数
	潜力因子	人均GDP（元）
		服务业固定资产投资（亿元）
		R&D占GDP比重（%）
		综合交通枢纽指数
		近三年服务业平均增长速度
		全球联系度

注：总部经济发展能力指数来自赵弘等编著的《中国总部经济发展报告》（2009年度）；流通产业占第三产业的比重采用批发零售业增加值和交通运输业增加值之和与第三产业增加值之比来计算；生产性服务业竞争力指数采自中国社科院城市与竞争力研究中心2009年度研究报告；中国金融中心指数采用综合开发研究院推出的"中国金融中心指数（2009年）"；行政服务效率指数采用中国社科院城市与竞争力研究中心2009年度研究报告中的数据。综合交通枢纽能力指数是一个复合指标，以航空、海运、陆运等几个指标按同一权重加权综合计算得到；全球联系采用《全球城市竞争力报告》（2009-2010）中的数据。

二、数据来源及说明

实证分析是本研究的一个非常重要的组成部分。数据的来源显然关系到实证分析结论的真实性、可靠性和可信性。本研究基础数据来源主要由以下三部分组成：统计年鉴、统计公报和其他资料。

统计年鉴和统计公报是本研究最重要的基础数据来源，包括国内16个城市的统计年鉴（2010）、国民经济和社会发展统计公报（2008－2010年），此外还有一些权威著作，如《中国总部经济发展报告（2009）》、《全球城市竞争力报告（2009－2010）》等。国外城市数据基本上以2008年为主，部分城市只有2006年的数据，但由于国外发达城市已处于一个相对稳定低速的发展阶段，指标年度间变化不大，对测算结果影响较小。

其他资料主要指当一个城市的数据无法获得时，根据其他来源的文献和资料进行推算。例如，由于国际都市并没有直接的总部经济发展能力指数，本书利用这些城市的世界500强企业总数、世界500强企业收入等指标与国内城市对比之后得到；生产性服务业竞争力指数、中国金融中心指数和行政服务效率指数中的国外城市数据都是推算得到。原始数据详见表4－2。

表4-2 城市现代服务业综合竞争力指标及数据（2009年）

指标 城市	服务业增加值（亿元）	服务业增加值所占GDP比重（%）	服务业就业人数（万人）	总部经济发展能力指数	流通产业占第三产业比重（%）	生产性服务业竞争力指数	中国金融中心指数	服务业劳动生产率（万元/人）	行政服务效率指数	人均GDP（元）	服务业固定资产投资（亿元）	R&D占GDP比重（%）	综合交通枢纽指数	近三年服务业增长速度（%）	全球联系
北京	9179.20	75.53	736.50	88.19	22.68	100.0	89.2	12.46	82	69248	3550	5.8	0.3828	10.4	0.5346
上海	8930.85	59.36	592.86	85.84	31.56	76.5	100.0	15.06	78	78313	3636	2.6	1.0000	12.2	0.5095
广州	5560.77	60.85	361.62	76.05	31.82	52.9	37.9	15.38	74	88424	1656	1.9	0.6143	13.5	0.3080
天津	3405.16	45.27	297.26	57.97	38.41	31.2	30.0	11.46	72	61245	2101	2.3	0.6303	14.7	0.2637
重庆	2474.44	37.89	497.01	49.98	35.25	57.2	23.9	4.98	70	22840	2741	1.2	0.1725	12.3	0.1551
深圳	4367.55	53.25	318.40	75.64	26.54	64.3	62.0	13.72	100	92022	1082	3.3	0.3235	11.8	0.2755
杭州	2509.92	49.33	239.28	62.18	23.56	87.8	36.3	10.49	83	62809	1290	2.6	0.1949	13.3	0.2281
青岛	2203.48	45.40	199.73	51.20	39.14	44.0	23.8	11.03	79	63623	1001	2.0	0.3572	14.7	0.2262
苏州	3050.26	39.41	178.17	54.83	38.50	44.3	32.0	17.12	71	102835	1329	0.3	0.2498	13.8	0.2400
宁波	1783.63	41.20	135.36	50.89	33.41	58.0	33.2	13.18	85	60720	890	0.4	0.3538	12.0	0.2200
成都	2233.00	49.59	239.28	53.83	27.40	45.8	26.2	9.33	67	34996	2005	0.8	0.1359	11.7	0.1823
南京	2170.42	51.31	193.11	60.19	30.66	49.6	31.6	11.24	72	54845	1053	2.7	0.2984	13.9	0.2488
武汉	2269.42	49.76	209.93	51.91	28.04	26.9	26.7	10.81	75	50117	1515	2.3	0.2213	12.8	0.2077
西安	1459.95	53.59	208.83	42.12	27.65	39.2	27.5	6.99	58	32296	1393	4.4	0.1158	14.2	0.2129
大连	1908.80	43.21	155.00	47.89	36.15	32.6	34.7	12.31	70	71600	1387	1.2	0.3553	14.5	0.2306
沈阳	1947.60	44.68	254.30	45.51	31.21	39.4	29.3	7.66	74	55461	1820	1.7	0.2235	13.8	0.2383
香港	14419.10	97.4	308.52	91.50	36.00	124.0	143.5	44.21	125	212169	2660	0.7	0.8800	4.2	0.5974
新加坡	8461.41	69.18	141.19	101.29	33.50	138.0	116.2	86.57	114	252249	2609	2.5	0.9000	7.8	0.5946

伦敦	25993.14	79.48	411.50	111.08	25.50	199.3	170.2	53.27	110	302054	3795	1.8	0.9400	6.1	0.8622
巴黎	50745.62	86.1	464.50	142.16	14.20	155.0	187.3	98.46	115	457936	9762	2.8	0.9200	7.6	0.7106
东京	58493.89	84.29	457.60	167.91	34.40	174.0	161.6	166.19	133	589965	13168	3.6	0.9700	7.6	0.6799
纽约	68811.09	86.76	376.76	152.56	17.00	183.0	214.9	191.06	102	544827	12464	3.2	1.0000	4.8	0.8995

数据来源及说明：

(1) 内地城市数据来源于这些城市 2009 年国民经济和社会发展统计公报和统计年鉴 (2010)

(2) 内地城市增加值数据按中国人民银行 2008 年 12 月 31 日公布的汇率进行换算，具体为 1 美元 = 6.85 元人民币；1 英镑 = 12.340955 元人民币；1 欧元 = 10.6637 元人民币；100 日元 = 7.5204 元人民币；100 港元 = 88.2 人民币；1 新元 = 4.75171 元人民币。

(3) 纽约市的数据来源：Bureau of Economic Analysis, U. S. Department of Commerce, http://www.bea.gov/regional/gdpmetro/，数据年份为 2008 年。纽约的金融业增加值如果以所有的金融活动创造的增加值来计算，则 2008 年纽约金融业增加值高达 28839 亿元，金融业增加值占 GDP 比重达 33.28%。

(4) 伦敦市的数据来源：Office for National Statistics (数据更新日期：2010.06)，GDP 占全国比重、金融业增加值及其 GDP 占比数据年份为 2008 年。

(5) 东京市的原始数据来源：东京都市成 20 年 (2008 年) 统计年鉴。

(6) 香港的数据来源于香港年鉴 (2009)，香港特别行政区统计处，百度文库链接：http://wenku.baidu.com/view/ca50a7c30c2259010202 9d55.html。

(7) 新加坡数据来源：新加坡统计年鉴 2010, YEARBOOK OF STATISTICS SINGAPORE, 2010, ISSN 0583 - 3655, Department of Statistics, Ministry of Trade & Industry, Republic of Singapore

(8) 总部经济发展能力指数采用北京市社会科学院赵弘研究员：《中国总部经济发展报告 (2009 - 2010)》, 社会科学文献出版社出版。

(9) 中国金融中心指数所用到的世界 500 强企业收入数据来源于《财富》中文网 (http://www.fortunechina.com)。国际都市的中国金融中心指数根据伦敦金融城指数 (The Global Financial Centres Index , GFCI - 2010) 2009 年发布的"中国金融中心指数 (中国·深圳) (CDI) 2009 年发布的中国都市分别：纽约 (770 分), 伦敦 (772 分), 巴黎 (645 分), 东京 (697 分), 香港 (760 分), 新加坡 (728 分), 以上海为 100 进行标准化后, 再把这些城市金融业增加值经过换算后标准化, 以二者 50% 的权重组合相加得到。

(10) 生产性服务业竞争力指数来源于中国社会科学院倪鹏飞博士的《2010 年中国城市竞争力蓝皮书：中国城市竞争力报告》。

(11) 流通产业增加值包括交通运输、邮政和批发零售业这两个行业的增加值。

(12)行政服务效率指数来源于中国社会科学院倪鹏飞博士的《2009年中国城市竞争力蓝皮书：中国城市竞争力报告》，国外城市是我们根据相关计算调整得到。

(13)综合交通指数对各城市的货物周转量、港口货物吞吐量和铁路客运条数标准化处理，国外城市货物周转量和铁路客运线路条数等数据不易获得，我们根据其航空客运吞吐量和高速公路节点数代替。国外城市发展相对稳定，采用与其他数据相同年份的同一年增长率。

(14)部分城市近三年（2008－2010）服务业平均增长率因2010年数据尚未报出，故采两年平均水平。

(15)全球城联系数据来源：倪鹏飞、彼得・卡尔・克拉索：《全球城市竞争力报告（2009—2010）》，社会科学文献出版社（2010年7月出版）。为简便计，我们选用该书中各城市的专利申请指数作为城市创新指数。

34

三、评价方法、数据处理与结果输出

(一) 评价方法的选择

在本书第二章中对城市现代服务业综合竞争力的几种评价方法进行了简单的介绍,本章将选取主成分分析法来计算城市现代服务业综合竞争力。主成分分析和因子分析在社会经济统计综合评价中是两个常被使用的统计分析方法,本章的主成分分析使用 SPSS17.0 软件。

(二) 数据的标准化处理

虽然 SPSS 在调用 Factor Analyze 过程进行分析时,SPSS 会自动对原始数据进行标准化处理,所以在得到计算结果后指的变量都是指经过标准化处理后的变量,但 SPSS 不会直接给出标准化后的数据,如需要得到标准化数据,则需调用 Descriptives 过程进行计算。本书将上述 15 个指标分别以 X1 – X15 代替,在 EXCEL 表格中进行标准化之后导入 SPSS17.0 中进行处理。

(三) 指标数据的相关性及其检验

SPSS 软件可提供 Pearson (皮尔逊),Kendall (肯德尔) 和 Spearman (斯皮尔曼) 三种相关分析方法。当两个连续变量间呈线性相关时,使用皮尔逊积差相关系数,不满足积差相关分析的适用条件时,使用斯皮尔曼秩相关系数来描述。肯德尔等级相关系数:用于反映分类变量相关性的指标,适用于两个分类变量均为有序分类的情况。对相关的有序变量进行非参数相关检验,取值范围在 – 1 至 1 之间,此检验适合于正方形表格。

计算积距皮尔逊相关系数,只有连续性变量才可采用;计算斯皮尔曼秩相关系数,适合于定序变量或不满足正态分布假设的等间隔数据;计算肯德尔秩相关系数,适合于定序变量或不满足正态分布假设的等间隔数据。由于指标数据难以断定是否服从双变量正态分布、总体分布未知，且原始数据用相对等级进行标准化处理，因此采用肯德尔相关来处理指标数据的相关与相关检验。

表4-3 城市现代服务业竞争力指标相关性

	X1	X2	X3	X4	X5	X6	X7	X8	X9	X10	X11	X12	X13	X14	X15
X1	1.000	.751	.382	.935	.629	.826	.885	.947	.693	.951	.975	.285	.712	-.737	.829
X2	.751	1.000	.466	.853	.506	.856	.910	.715	.819	.686	.692	.354	.787	-.900	.898
X3	.382	.466	1.000	.476	.359	.409	.448	.208	.236	.241	.456	.521	.392	-.339	.472
X4	.935	.853	.476	1.000	.550	.908	.936	.915	.833	.861	.915	.350	.834	-.812	.905
X5	.629	.506	.359	.550	1.000	.519	.594	.476	.293	.562	.568	.412	.286	-.450	.531
X6	.826	.856	.409	.908	.519	1.000	.946	.817	.851	.792	.759	.248	.792	-.904	.947
X7	.885	.910	.448	.936	.594	.946	1.000	.848	.833	.845	.820	.262	.867	-.915	.977
X8	.947	.715	.208	.915	.476	.817	.848	1.000	.731	.963	.928	.242	.719	-.749	.802
X9	.693	.819	.236	.833	.293	.851	.833	.731	1.000	.622	.638	.114	.761	-.860	.785
X10	.951	.686	.241	.861	.562	.792	.845	.963	.622	1.000	.909	.199	.680	-.739	.803
X11	.975	.692	.456	.915	.568	.759	.820	.928	.638	.909	1.000	.336	.669	-.663	.759
X12	.285	.354	.521	.350	.412	.248	.262	.242	.114	.199	.336	1.000	.116	-.094	.298
X13	.712	.787	.392	.834	.286	.792	.867	.719	.761	.680	.669	.116	1.000	-.749	.882
X14	-.737	-.900	-.339	-.812	-.450	-.904	-.915	-.749	-.860	-.739	-.663	-.094	-.749	1.000	-.886
X15	.829	.898	.472	.905	.531	.947	.977	.802	.785	.803	.759	.298	.882	-.886	1.000

变量与指标的对应关系分别为：

服务业增加值-->X1；服务业增加值所占GDP比重-->X2；服务业就业人数-->X3；总部经济发展能力指数-->X4；流通产业占第三产业比重-->X5；生产性服务业竞争力指数-->X6；中国金融中心指数-->X7；服务业劳动生产率-->X8；行政服务效率指数-->X9；人均GDP-->X10；服务业固定资产投资-->X11；R&D占GDP比重-->X12；综合交通枢纽指数

——>X13；服务业增长速度— —> X14；全球联系— —> X15。

从表 4-3 可以看出，标准化之后的指标之间存在多个明显的相关关系。如服务业增加值与服务业增加值占 GDP 比重、总部经济发展能力指数、生产性服务业竞争力指数、中国金融中心指数、服务业劳动生产率、人均 GDP、服务业固定资产投资以及全球联系等指标的相关都超过 0.8。表 4-4 为指标相关显著性单侧检验结果，除服务业就业人数（X3）和 R&D 占 GDP 比重（X12）单侧检验值较高之外，其他指标的相关显著性检验结果都比较小。

表 4-4 城市现代服务业竞争力指标相关性显著性单侧检验

	X1	X2	X3	X4	X5	X6	X7	X8	X9	X10	X11	X12	X13	X14	X15
X1		.000	.040	.000	.001	.000	.000	.000	.000	.000	.000	.099	.000	.000	.000
X2	.000		.014	.000	.008	.000	.000	.000	.000	.000	.000	.053	.000	.000	.000
X3	.040	.014		.013	.050	.029	.018	.176	.145	.140	.016	.006	.036	.062	.013
X4	.000	.000	.013		.004	.000	.002	.000	.000	.000	.003	.055	.098	.018	.000
X5	.001	.008	.050	.004		.007	.002	.013	.093	.003	.003	.028	.098	.018	.006
X6	.000	.000	.029	.000	.007		.000	.000	.000	.000	.000	.133	.000	.000	.000
X7	.000	.000	.018	.002	.002	.000		.000	.000	.000	.000	.119	.000	.000	.000
X8	.000	.000	.176	.000	.013	.000	.000		.000	.000	.001	.139	.000	.000	.000
X9	.000	.000	.145	.000	.093	.000	.000	.000		.001	.001	.307	.000	.000	.000
X10	.000	.000	.140	.000	.003	.000	.000	.000	.001		.000	.188	.000	.000	.000
X11	.000	.000	.016	.003	.003	.000	.000	.001	.000	.000		.063	.000	.000	.000
X12	.099	.053	.006	.055	.028	.133	.119	.139	.307	.188	.063		.303	.338	.089
X13	.000	.000	.036	.098	.098	.000	.000	.000	.000	.000	.000	.303		.000	.000
X14	.000	.000	.062	.018	.018	.000	.000	.000	.000	.000	.000	.338	.000		.000
X15	.000	.000	.013	.000	.006	.000	.000	.000	.000	.000	.000	.089	.000	.000	

注：变量与指标的对应关系与表 4-3 相同。

（四）方差分解主成分提取

如表 4-5 所示，前三个特征值累积方差贡献达到 88.09%。

表4-5 城市现代服务业竞争力指标相关性显著性单侧检验

成分	初始特征值			提取平方和载入			旋转平方和载入		
	合计	方差的%	累积%	合计	方差的%	累积%	合计	方差的%	累积%
1	10.706	71.376	71.376	10.706	71.376	71.376	10.555	70.364	70.364
2	1.489	9.927	81.302	1.489	9.927	81.302	1.580	10.532	80.896
3	1.018	6.790	88.092	1.018	6.790	88.092	1.079	7.196	88.092
4	0.586	3.904	91.996						
5	0.485	3.231	95.227						
6	0.264	1.762	96.988						
7	0.191	1.273	98.261						
8	0.138	0.918	99.179						
9	0.051	0.342	99.521						
10	0.027	0.183	99.704						
11	0.021	0.140	99.844						
12	0.013	0.087	99.932						
13	0.006	0.038	99.969						
14	0.004	0.028	99.998						
15	0.000	0.002	100.00						

提取方法：主成分分析。(Extraction Method: Principal Component Analysis.)

如表4-6所示：第一主成分中，总部经济发展能力指数、中国金融中心发展指数、生产性服务业竞争力指数的权重比较高，结合前述服务业竞争力评价指标体系，可以将第一主成分称为影响服务业综合竞争力的结构因子。第二主成分中，服务业就业人数和R&D占GDP比重的权重较高，表明潜力因子的可能性较大。第三主成分的影响因素较为复杂，在此略去。

表4-6 主成分得分系数矩阵表。

指标	第1主成分	第2主成分	第3主成分
X1	0.078	-0.050	0.301
X2	0.088	0.091	-0.254
X3	-0.002	0.519	-0.271
X4	0.088	0.019	0.034
X5	0.012	0.203	0.382
X6	0.098	-0.016	-0.129
X7	0.097	-0.001	-0.084
X8	0.088	-0.158	0.291
X9	0.108	-0.123	-0.281
X10	0.081	-0.146	0.357
X11	0.066	0.002	0.321

X12	-0.038	0.540	0.090
X13	0.101	-0.055	-0.277
X14	-0.106	0.084	0.233
X15	0.094	0.036	-0.159

（五）国内外城市现代服务业综合竞争力评价值

利用以上主成分分析法运行结果，得到关于国内外 22 个城市现代服务业总体竞争力得分如表 4-7 所示。

表 4-7　国内外城市现代服务业综合评价得分

城市	第一主成分分值	第二主成分分值	第三主成分分值	综合评价值
北京	0.302	0.042	0.079	0.302
上海	0.344	0.048	0.090	0.344
广州	0.218	0.030	0.057	0.218
天津	0.159	0.022	0.042	0.159
重庆	0.126	0.018	0.033	0.126
深圳	0.210	0.029	0.055	0.210
杭州	0.164	0.023	0.043	0.164
青岛	0.128	0.018	0.034	0.128
苏州	0.138	0.019	0.036	0.138
宁波	0.170	0.024	0.045	0.170
成都	0.132	0.018	0.035	0.132
南京	0.138	0.019	0.036	0.138
武汉	0.121	0.017	0.032	0.121
西安	0.074	0.010	0.019	0.074
大连	0.127	0.018	0.033	0.127
沈阳	0.119	0.017	0.031	0.119
香港	0.556	0.077	0.146	0.556
新加坡	0.503	0.070	0.132	0.503
伦敦	0.635	0.088	0.166	0.635
巴黎	0.706	0.098	0.185	0.706
东京	0.789	0.110	0.207	0.789
纽约	0.895	0.125	0.235	0.895

提取方法：主成分分析法。

旋转法：具有 Kaiser 标准化的四分旋转法。

为了更直观地看出在22个国内外城市中广州所处的位置，我们将表4-7中城市现代服务业竞争力得分以广州为100进行标准化处理，重新排序后形成表4-8。

从国际大都市比较来看，国外城市现代服务业综合竞争力都远远高于国内城市。纽约现代服务业综合竞争力居第一位，标准值超过广州4倍，显示出强大的综合竞争力；东京紧随纽约之后，巴黎居第三位，两市现代服务业综合竞争力分别为广州的3.6倍和3.2倍。东京之所以排名在巴黎和伦敦之前，主要是东京的服务业规模优势非常明显。巴黎现代服务业发展程度相当高，故将巴黎也列入全面的数据收集中。香港的现代服务业综合竞争力强于新加坡，广州能级不到两个邻近的亚洲城市的一半，不及东京的三分之一。

表4-8 国内外城市现代服务业综合竞争力标准化得分及排序

1	纽 约	410	12	杭 州	75
2	东 京	361	13	天 津	73
3	巴 黎	323	14	苏 州	63
4	伦 敦	291	15	南 京	63
5	香 港	255	16	成 都	61
6	新加坡	230	17	青 岛	59
7	上 海	157	18	大 连	58
8	北 京	138	19	重 庆	58
9	广 州	100	20	武 汉	55
10	深 圳	96	21	沈 阳	55
11	宁 波	78	22	西 安	34

从国内五大国家中心城市服务业综合竞争力比较看，广州现代服务业综合竞争力居五大国家中心城市第三位，落后于上海和北京；广州得分约为上海的三分之二、北京的七成；天津和重庆虽然近年来在经济总量方面紧逼广州甚至大有超越之势，但两市的现代服务业竞争力与广州相比有较

大的差距：天津得分约为广州的七成、重庆不到广州的六成。

在副省级城市比较中，深圳现代服务业综合竞争力表现抢眼，与广州非常接近，居国内城市服务业综合竞争力第四位；宁波、杭州服务业综合竞争力高于天津；苏州的服务业综合竞争力已经超越南京、成都、青岛、大连等传统大城市，也高于重庆，列国内城市第八位；武汉、沈阳服务业综合竞争力得分只有广州的一半多一点，西安更只有广州的三分之一。深圳的现代服务业竞争力非常强，其现代服务业综合竞争力高于五大国家中心城市中的天津和重庆，广州相对于深圳的优势并不明显。由于国家中心城市最终还是要靠实力说话，广州要确保国家中心城市的地位，必须有效应对深圳、天津的挑战。此外，以成都为代表的传统中心城市，其现代服务业综合竞争力甚至高于重庆这一国家中心城市。

四、五大国家中心城市现代服务业竞争力比较

为便于比较，以广州为100，将五大国家中心城市现代服务业具体评价指标分别按比例进行标准化处理，结果如表4-9。

从影响城市现代服务业竞争力的规模因子来看，广州的服务业增加值只有北京和上海的三分之二，天津只有广州的六成，重庆更是不到广州的一半。五大国家中心城市服务业增加值的平均值超过广州，表明广州服务业规模在五大国家中心城市中的地位比较稳固，但与北京、上海的差距相当大。从服务业增加值占GDP的比重来看，广州仅落后于北京，高于上海。天津由于制造业的迅速发展，在五大国家中心城市中服务业占比并不明显，甚至落后于重庆。在服务业就业人数方面，广州比北京、上海和重庆要少，但高于天津。

从前面的主成分分析中可知，服务业就业人数是服务业综合竞争力第

一因子得分的负影响因子。其主要原因是：国际大都市现代服务业能级非常高，而其服务业总就业人数大大低于国内的北京和重庆等城市，而国内其他城市服务业就业人数又大大低于东京、伦敦、巴黎和纽约四个公认的国际大都市（详见表4-2）。如果用服务业就业人数占总就业人数的比重来衡量，则不会出现负影响因子的情况。

表4-9 五大国家中心城市现代服务业竞争力评价（广州=100）

影响因素	指标	北京	上海	广州	天津	重庆	均值
规模因子	服务业增加值	165.1	160.6	100.0	61.2	44.5	106.3
	服务业增加值所占GDP比重	124.1	97.5	100.0	74.4	62.3	91.7
	服务业就业人数	203.7	163.9	100.0	82.2	137.4	137.5
结构因子	总部经济发展能力指数	116.0	112.9	100.0	76.2	65.7	94.2
	流通产业占第三产业比重	140.3	100.8	100.0	82.8	90.3	102.8
	生产性服务业竞争力指数	189.0	144.6	100.0	59.0	108.1	120.2
	中国金融中心指数	235.4	263.9	100.0	79.2	63.1	148.3
效率因子	服务业劳动生产率	81.0	98.0	100.0	74.5	32.4	77.2
	行政服务效率指数	110.8	105.1	100.0	96.8	94.9	101.5
潜力因子	人均GDP	78.3	88.6	100.0	69.3	25.8	72.4
	服务业固定资产投资	214.5	219.6	100.0	126.9	165.6	165.3
	R&D占GDP比重	311.5	136.6	100.0	123.0	64.2	147.1
	综合交通枢纽指数	62.3	162.8	100.0	102.6	28.1	91.2
	近三年服务业平均增长速度	77.0	90.1	100.0	108.6	90.9	93.3
	全球联系度	173.6	165.4	100.0	85.6	50.4	115.0
城市现代服务业综合竞争力（主成分）		138	157	100	73	58	105.2

注：流通产业占第三产业比重取本身倒数。

从影响服务业综合竞争力的结构因子来看，广州与北京、上海两市在生产性服务业竞争力指数和中国金融中心指数两个指标上差距较大，所计算的生产性服务业竞争力指数甚至低于重庆。在总部经济发展能力指数方面，广州与北京的差距还是相当明显的。从城市所拥有的本土世界500强企业数量来看，北京以 26 家居全国首位、全球第三位，上海拥有 4 家，而广州仅有 1 家上榜。此外，广州引进全球 500 强企业数量虽然也居全国第三，但引入总部企业以区域性总部为主，跨国公司地区总部和国家级总部企业较少。

对流通产业占第三产业比重取该数值倒数之后，可以看出北京服务业对流通产业的依赖已经远弱于广州，广州与上海标准值非常接近，重庆略强于天津。四个结构因子指标中，广州仅在总部经济发展能力指数上标准值大于五大国家中心城市的均值。考虑到上一段所述的事实，表明广州在现代服务业方面仍处于一种较低发展层次和发展阶段，高端服务产业偏少、服务能级偏弱。因此，加快广州传统服务业向现代服务业转型升级是提升广州现代服务业竞争力的有力手段和根本途经。

从影响服务业综合竞争力的效率因子来看，广州的产业服务效率最高，居五大国家中心城市之首，但行政服务效率居北京、上海之后列五大国家中心城市第三位。值得注意的是，广州的服务业劳动生产率是否高于北京、上海尚有很多争论。广州作为千年商都，大型综合超市、连锁商业、电子商务、网络购物、物流配送等新型业态均与国内先进城市存在不同差距，行业龙头都不是广州本土企业。相反，广州以小士多、小食店等为代表的低层次商业却异常发达，这一现象虽给市民带来了一定便利，但却严重影响了广州的商业城市形象，也带来了诸如市容卫生、社会治安、城市管理等方面的问题，从而对高端商业投资形成了一定排斥。广州低层次商业所容纳的就业人口很多并没有纳入统计视野；广州流动人口统计自 2005 年以来一直稳步以年均 50 万以上的数量增长，但相应常住人口数量却没有多大变化，且第二、第三产业从业人数也没有相应的增加。因此，仅从数据来看并不能隐匿广州必须加快推动由传统"千年商都"向现代"网络商都"转型的步伐，将广州的辐射能级从"服务全国"向"服务世界"提升，将广州的产业结构从低端商业为主向高端商业（总部商业、品牌商业、渠道商业等）为主的升级。

从影响服务业综合竞争力的潜力因子来看，广州人均GDP按常住人口计算居五大国家中心城市之首，但广州的服务业固定资产投资居五大国家中心城市末位，R&D占GDP比重也仅比重庆高，低于京沪津三市。海、陆、空、铁的交通枢纽是广州现代服务业竞争力未来发展向好的优势所在。从福布斯最近发布的2010年中国大陆最佳商业城市排行榜的客货运指数来看，广州落后于上海和天津，高于重庆和北京。一般认为广州在交通运输方面居全国第二位。福布斯此次推出的单项指数之所以天津超过广州的原因。在于天津港的货运吞吐能力强于广州，而北京落后广州较大原因在于北京的货运指数远低于广州。就服务业增长速度来看，广州仅落后于天津居五大国家中心城市第二位。全球联系是表征一个城市开放和国际化程度的重要指标，广州在这方面与上海和北京的差距较大，但强于天津，对重庆则有比较明显的优势。

五、穗深港三大中心城市现代服务业竞争力比较

此处从区域竞争与发展的角度出发，特别抽出香港、广州、深圳三大中心城市就珠三角现代服务业竞争力格局和特点进行评价分析。

从前述表4-2给出的原始数据看，香港无论在服务业规模实力、内部结构层次，还是服务业运营效率、行政服务效率等方面，均大大领先于穗深两市，表明香港的服务业现实竞争力较为强大，仅技术创新潜力和产业持续增长能力两项指标较差，将有可能对其未来竞争潜力构成隐忧。从广州和深圳服务业比较来看，广州主要胜在规模竞争力，而深圳主要在结构竞争力上占优，此外，作为我国改革创新的先锋城市，深圳在政务效率方面也显示出优势。

同样为直观起见，将广州各项指标设为100，形成表4-10。从中可以

看出，广州城市现代服务业综合竞争力评价得分远远落后于香港，总体竞争力不及香港的一半，但对深圳具有微弱的优势。

从规模因子来看，广州比深圳有较大的优势，三个指标中广州都高于深圳。但与香港相比，香港服务业规模是广州的2.5倍，其服务业增加值占GDP比重也相当高，显示出香港服务经济主导地位非常明显，几乎是一种完全的服务经济；在服务业就业人数方面，广州多于香港，主要原因是广州常住人口比香港多300万，但广州服务业就业人数占总就业人口的比例只有48.95%，同期香港服务业就业人数占总就业人数为87.5%。

从结构因子看，广州与深圳相比，仅在总部经济发展能力指数方面略强于深圳，但就企业的影响力而言，广州除广汽这样合资品牌企业之外，缺乏像华为、中兴、比亚迪、腾讯、招商银行等一大批立足于本市具有强大自主创新能力的本土型企业；其次，广州流通产业占第三产业比重过高，生产性服务业和金融业明显落后于深圳，表明广州高端服务业欠缺。

广州与香港相比，则仅在流通产业占第三产业比重方面比香港略强，穗港两市同为商贸大都市，广州作为"千年商都"，而香港则是国际"购物天堂"，两市对流通产业的依赖及其对外商品服务输出能力都相当强。香港在港口、机场等方面比广州更具有国际商贸输出的能力，加上香港利用大陆建国对外开放程度较低的长达三十年的机会，迅速发展成为中国对外贸易的主要窗口城市，转口贸易甚至高达GDP的3倍。广州在总部经济发展能力方面与香港的差距较小，但在生产性服务业和金融业方面差距非常大。香港在大陆改革开放后走了一条与新加坡截然不同的产业升级转型道路：新加坡通过制造业升级转型而香港则将制造企业迁往珠三角地区，自身全面发展服务业，香港作为大陆吸引外资的桥头堡，迅速跻身国际金融中心城市行列。

从效率因子来看，广州服务业劳动生产率整体上高于深圳，但与香港的差距巨大；在行政服务效率方面，广州比香港和深圳也有相当差距。由于深圳和广州外来人口的质和量总体差距不大，所以并不存在前面五大国家中心城市比较时产业效率的质疑。

表 4-10 穗深港城市现代服务业竞争力评价（广州 = 100）

影响因素	指标	广州	深圳	香港	均值
规模因子	服务业增加值	100.0	78.5	259.3	145.9
	服务业增加值所占 GDP 比重	100.0	87.5	160.1	115.9
	服务业就业人数	100.0	88.0	85.3	91.1
结构因子	总部经济发展能力指数	100.0	99.5	120.3	106.6
	流通产业占第三产业比重	100.0	119.9	88.4	102.8
	生产性服务业竞争力指数	100.0	121.6	234.4	152.0
	中国金融中心指数	100.0	163.6	378.5	214.0
效率因子	服务业劳动生产率	100.0	89.2	287.5	158.9
	行政服务效率指数	100.0	134.8	168.5	134.4
潜力因子	人均 GDP	100.0	104.1	239.9	148.0
	服务业固定资产投资	100.0	65.3	160.6	108.7
	R&D 占 GDP 比重	100.0	178.4	39.6	106.0
	综合交通枢纽指数	100.0	52.7	143.2	98.6
	近三年服务业平均增长速度	100.0	87.4	31.1	72.8
	全球联系度	100.0	89.4	194.0	127.8
城市现代服务业综合竞争力（主成分）		100	96	255	150.3

注：流通产业占第三产业比重取本身倒数。

从潜力因子看，广州在人均 GDP 和 R&D 占 GDP 比重两方面弱于深圳，但在服务业固定资产投资、综合交通枢纽、近三年服务业平均增长速度以及全球联系程度上对深圳具有较大的优势。与香港相比，广州则在 R&D 占 GDP 比重和近三年服务业平均增长速度占优，其他方面差距较大。

六、广州与国际大都市现代服务业竞争力比较

此处再从国际大都市比较的角度出发,将广州与香港、新加坡、伦敦、巴黎、纽约、东京等六个国际大都市的现代服务业竞争力进行评价分析。同样为直观起见,将广州各项指标设为100,形成表4-11。从中可以看出,与这六大国际都市相比,广州城市现代服务业综合竞争力差距显得非常大,竞争力最强的纽约得分是广州的四倍,新加坡在六个国际都市当中得分最低,但也是广州的两倍以上。

从规模因子看,广州服务业规模不到香港、新加坡等新兴国际大都市的1/2,更不到东京、纽约、巴黎等全球城市的1/10,服务业在城市GDP中的占比普遍低于国际大都市20~30个百分点左右。广州服务业容纳较多的低层次服务从业人口也使广州服务业面临较大的发展劣势。

从结构因子看,广州的差距更大一些,无论是总部经济实力、生产性服务业发达程度及金融中心功能,广州都大大低于国际大都市,尤其是四个老牌国际大都市,而在服务内部结构层次看,广州流通部门所占比重标准化之后仅比香港、新加坡和东京等三个亚太城市略高。

在效率因子看,广州以增加值为基准的比较劳动生产率仅为国际大都市的1/5~1/10。此外,广州的行政服务效率与国际大都市的差距也是非常明显的。

在服务业发展潜力上,广州在综合交通及物流支撑、经济持续增长能力、对外开放水平乃至创新投入力度方面,与国际大都市的差距普遍不大,甚至在持续增长能力上还具有明显的优势,这反映出广州服务业发展的潜力相对较好。

总体上看,广州与国际大都市在服务业综合竞争力方面仍存在全方位

的巨大差距，广州在很多方面甚至没有可比性，无论从产业规模，还是从产业结构，抑或从经营效率方面相比差距都非常大，唯在发展潜力方面广州拥有一定的相对优势。如广州服务业近三年平均增长速度就大大高于这些发展相对稳定的国际都市，这种状况客观地反映了广州仍处于工业经济时代而国际大都市普遍进入服务经济时期的产业分工格局和比较优势。

表4-11 广州与国际都市现代服务业竞争力评价（广州=100）

影响因素	指标	广州	香港	新加坡	伦敦	巴黎	东京	纽约	均值
规模因子	服务业增加值	100.0	259.3	152.2	467.4	912.6	1051.9	1237.4	597.3
	服务业增加值所占GDP比重	100.0	160.1	113.7	130.6	141.5	138.5	142.6	132.4
	服务业就业人数	100.0	85.3	39.0	113.8	128.5	126.5	104.2	99.6
结构因子	总部经济发展能力指数	100.0	120.3	133.2	146.1	186.9	220.8	200.6	158.3
	流通产业占第三产业比重	100.0	88.4	95.0	124.8	224.1	92.5	187.2	130.3
	生产性服务业竞争力指数	100.0	234.4	260.9	376.7	293.0	328.9	345.9	277.1
	中国金融中心指数	100.0	378.5	306.6	449.0	494.3	426.4	567.0	388.8
效率因子	服务业劳动生产率	100.0	287.5	563.0	346.4	640.3	1080.7	1242.5	608.6
	行政服务效率指数	100.0	168.5	153.6	148.2	155.0	179.2	137.5	148.9
潜力因子	人均GDP	100.0	239.9	285.3	341.6	517.9	667.2	1181.6	476.2
	服务业固定资产投资	100.0	160.6	157.6	229.3	589.7	795.4	752.9	397.9
	R&D占GDP比重	100.0	39.6	131.7	94.1	150.0	191.0	171.9	125.5
	综合交通枢纽指数	100.0	143.2	146.5	153.0	149.8	157.9	162.8	144.7
	近三年服务业平均增长速度	100.0	31.1	57.8	45.2	56.3	56.3	35.6	54.6
	全球联系度	100.0	194.0	193.1	279.9	230.7	220.7	292.3	215.8

注：流通产业占第三产业比重取本身倒数。

第五章

广州现代服务业分项竞争力评价分析

一、产业结构优化升级能力

产业结构的优化升级,其核心是社会生产技术基础更新所引发的产业结构的改进,即由于新技术的开发、引进、应用、扩散,引起高新技术产业发展和传统产业的更替、改造,这说明产业结构的优化升级是以技术创新为前提的。产业结构优化升级能力取决于很多条件,首先取决于发展基础和现有条件,发展基础越好,现有条件越高,其未来的优化升级能力越强;其次取决于科学技术、教育文化卫生、信息服务等知识技术密集型产业的比重,知识技术密集产业的比重越高,产业升级能力越强;还取决于生产性服务业的比重,以及以总部经济为代表的高级产业的比重。

下面进一步分项考察广州市产业结构的优化升级能力:

(一) 流通产业比重

本文通过考察流通产业的发展水平来分析广州产业结构优化升级能力。流通产业的发展水平是一个城市产业结构优化升级基础性指标,通常来说,在相对落后的产业体系中,占据服务业主要指标的就是由交通运输物流业和批发零售业组成的流通业,而产业发展到高级阶段,以金融业为代表的新型生产性服务业占据越来越大的比重,流通产业的比重将逐渐下降。从表5-1可以看出,在5个国家中心城市中,广州的流通产业占GDP的比例是最高的,这个结果,一方面说明广州作为国际商贸中心城市,其商贸业占有不可动摇的优势地位,另一方面也说明,广州服务业的产业结构层次还处在比较初级的阶段,新兴生产性服务业尚不够发达,产业结构升级仍任重道远。

表5-1　五大国家中心城市产业结构优化能力比较　单位:%

项目 \ 城市	广州	上海	北京	天津	重庆
流通产业占GDP比重	20	14.8	15	17	13
知识技术密集型产业占GDP比重	18	20	31	9	
生产性服务业占GDP比重	27.5	30	41	17	
总部经济指数	76.22	83.73	85.60	56.70	47.74

数据来源:各城市2008年统计公报,本研究进行综合整理。

(二) 知识技术密集型产业比重

产业结构的优化升级在很大程度上取决于科学技术、教育文化卫生、信息服务等知识技术密集型产业的比重,从上表可以看出,北京的技术密

第五章　广州现代服务业分项竞争力评价分析

集型服务业占 GDP 的比重达到 31%，而天津才达到 9%，广州略低于上海，以 18% 处于中等偏下的位置。这个结果，说明北京的服务业存在较高的科技含量，较强的人才队伍，广州还有很大的努力空间。

（三）生产性服务业比重

以物流、商务、科技、金融、信息等板块组成的生产性服务业，代表了一个城市的现代服务业的发展水平，城市的经济越发达，生产性服务业占比越高。由表 5-1 可以看出，北京以 41% 的占比，高居生产性服务业发展的高级等级，广州以 17.5% 的比例位居第三，依然有很大的上升空间。

（四）总部经济指数

总部经济指数是代表了一个地区的城市地位、经济实力、区位优势、辐射能力的一个指标，从表 5-1 可以看出，北京高居总部经济指数的榜首，广州位居第三，这个位置和广州的地理位置、交通水平、经济地位基本上相适应，未来依然需要进一步提升。

综合以上，作为华南地区最大的中心城市，广州一直为珠三角乃至全国提供生产、生活服务，服务业是广州的经济支柱。传统商贸服务业发达说明了广州服务业的源远流长和基础深厚。广州服务业在知识密集型产业、生产性服务业以及总部经济方面的全国地位，和广州的城市地位排名基本一致，一方面说明近年来广州在争取国家级重大服务业资源方面处于劣势，面临北京、上海、深圳、香港等城市的非市场因素的强力竞争，另一方面也说明广州服务业在国家战略布局上依然处于非常重要的节点位置上。

二、产业创新能力

在产业从规模增长到品质提升的关键时期，创新能力成为新一轮产业竞争的一个关键变量。国内主要城市服务业的发展已达到一定规模，服务业创新能力成为城市较量的主要内容。

广州的服务业增加值规模全国第三，但现代服务业的产业创新能力却并不理想。比较广州与国内主要城市的产业创新能力（见表5-2），2010年广州科技服务业占服务业增加值比重仅为3.25%，落后于北京、天津、上海、杭州，虽然广州服务业增加值占GDP的比重达到61%，高于上海、天津、杭州，但科技服务业发展相对滞后。这主要由于广州的人才和资金支持的缺乏，2009年广州各类独立科学研究与开发机构从业人员仅为北京的34%和上海的53%，R&D支出占GDP比重在7个比较城市中位列倒数第二，严重制约了现代服务业创新能力的发展。企业是产业的经济细胞，企业的创新能力决定了产业的创新实力，根据《中国城市竞争力报告2010》公布的企业创新能力指数，广州在全国56个重点城市中位列20名，这与广州的经济实力极不相称，必定制约产业的持久竞争力。

表5-2 国内主要城市产业创新能力比较

城市 项目	北京	上海	广州	天津	重庆	深圳	杭州
科技服务业增加值占服务业增加值比重（2010）（%）	8.90	3.98	3.25	6.48	—	—	4.04
各类独立科学研究与开发机构从业人员（2008）（个）	60457	38848	20648	11604	—	—	—
R&D支出占GDP比重（2009）（%）	5.9	2.7	2.2	2.4	1.21	3.6	2.6

企业创新能力指数（2009）	0.444	0.562	0.182	0.182	0.125	0.366	0.238
近三届最佳商业模式十强企业数（家）	10	6	1	0	0	5	1

数据来源：各类独立科学研究与开发机构从业人员、R&D 支出占 GDP 比重和科技服务业占三产比重，根据各市统计年鉴相关数据整理计算所得；企业创新能力指数来源于《中国城市竞争力报告2010》；近三届最佳商业模式十强企业数来自2007－2009届最佳商业模式十强企业排名整理所得。

科学技术是第一生产力，而新的商业模式释放生产力。以商业模式创新为代表的新经济业态爆发出旺盛的生命力。杭州是商业模式创新的典范，政府积极营造商业模式创新环境，为企业发展和人才引进提供多项政策支持，并把商业模式创新企业纳入高新技术企业认定范围，目前新经济类企业已占高新技术企业总数的近五成。杭州也是目前中国电子商务发展最快的城市，在 B2B、C2C 市场和第三方支付平台中均占有一半或以上的市场，而北京则在 B2C，特别是新兴的团购网站方面领先，上海在电子支付和金融支付上屡屡创新。广州在商业模式创新方面还远远落后于上述城市，在近三届最佳商业模式十强企业中上榜的企业仅一家，整个行业缺乏创新力和活力。

在平台创新方面，北京、上海和深圳均处于全国领先水平。北京有金融资产交易所、国际矿业权交易所、农副产品交易所、林业产权交易所、产权交易所等一系列交易平台。上海和深圳也不断进行平台创新，推出各类权证交易所。重庆加上在建的碳汇交易所，共有 7 个交易所。目前广州仅有产权交易所和广东塑料交易所，大大落后于其他国家中心城市。而专业性风险投资公司，目前广州地区仅有 5 家，合计风险资本为 20 亿元，而且这些风投主要是以国有投资为主的,而深圳、北京、上海的风险投资规模均已超过百亿元,且主要以外资和民间资本为主①。风险投资之不足也是广州创新软环境的一个重要"瓶颈"。

综上所述,广州在国内主要城市中的创新实力并不突出,明显落后于北京、上海、深圳和杭州。目前广州仍停留在注重产业规模的发展,在创新政策优惠方面明显不如杭州、北京和上海,而在产业创新方面,仍集中于以科技创新为主,商业模式创新、平台创新和体制创新方面,广州的表现和反应就难尽人意甚至有些迟缓,整个服务行业缺乏活力和创新力,广州要想保持服务业的竞争优势,必须努力提升创新能力。

三、产业集聚能力

产业集聚是指在一个特定的领域内,相互关联的企业机构由于相互间的共性和互补性在地理位置上集中的现象。产业集聚不仅包括某个产业本身,还包括与之相关的各种辅助产业、政府机构、科研机构以及基础设施条件,相关产业互为价值链,大中小企业互相配套。在产业集聚区中,我们把集聚中经济贡献最大,拉动效应最强的产业称为主导产业,而将围绕主导产业,为其服务的其他产业称为配套产业。产业集聚的出现是产业集中化的一个必然现象,由于它能够带来规模经济和范围经济效应,从而推动区域经济发展,因此各地政府纷纷大力规划引导当地产业集群的发展。

在此,我们选取以下几个指标,来分析广州市的产业集聚能力。

---

① 周良民:《增强广州科技创新能力研究》,《广州十一五规划前期研究论文集》(广州市发改委)。

第五章　广州现代服务业分项竞争力评价分析

(一) 服务密度

服务密度是衡量产业集聚能力的一个重要指标，本文选取由服务业增加值与城市建成区面积之比来衡量服务密度，计算单位面积的服务业增加值，涵盖了一个区域服务业企业的分布密度和服务业企业的价值创造能力，表达了该地区对于服务业产业的集聚能力。从表5-3的服务密度指标对比来看，上海在服务密度上高居选取的全国17个城市榜首，而最低的重庆不到上海的一半。分数低的城市，通常具有较大的建成区面积，而城市的服务总量相对不足，即使有相对发育较为完善的服务业集聚区和服务体系，但是整体的服务业集聚还是没有形成规模和体系。广州位于上海、苏州、青岛、杭州、宁波、大连、北京之后居第8位，属于全国的中游水平。这个结果，一方面说明广州建成区面积比很多城市要大，服务业还有较大的发展空间，另一方面也说明广州在服务产业集约化发展上，与国内先进城市仍存在一定差距。

表5-3　国内主要城市的服务密度 (2008年)

排序	城市	服务密度	排序	城市	服务密度
1	上海	8.3	10	深圳	5.21
2	苏州	6.97	11	沈阳	5.02
3	青岛	6.48	12	成都	4.44
4	杭州	6.42	13	天津	4.22
5	宁波	6.4	14	西安	4.1
6	大连	6.1	15	郑州	3.89
7	北京	5.96	16	南京	3.27
8	广州	5.75	17	重庆	3.13
9	武汉	5.63			

数据来源：根据服务业增加值与城市建成区面积之比计算所得，相关数据来自各市2009年统计年鉴。

(二) 房价

房价是能够说明产业集聚能力的另一个指标。房价高的城市，通常是特别能吸引人们居住和就业的城市，这样的城市必定有发达的工业和服务业，高房价的挤出效应会把城市的低端制造业置换成附加值较高的现代服务业，从而形成更高经济集约度。从我们选取的 17 个城市来看（表 5 - 4），杭州的房价是高高在上，达到均价 25840 元/平方米的价位，广州排在杭州、北京、上海、深圳、宁波之后，位于第 6 位，扣除地方游资炒作等因素，广州和上述城市一样，属于国内房价的第一层级，说明到这些城市居住和就业的意愿很高，房价有巨大的需求和上升的空间，说明广州具有较高的产业集聚力，同时和上述城市存在一定的距离。

表 5 - 4 2010 年 7 月国内主要城市新房均价排行榜

排序	城市	新房均价（元/平方米）	排序	城市	新房均价（元/平方米）
1	杭州	25840	10	青岛	8962
2	北京	22310	11	天津	8958
3	上海	19168	12	成都	6630
4	深圳	16978	13	武汉	6196
5	宁波	13438	14	沈阳	4980
6	广州	12560	15	重庆	5720
7	南京	12016	16	郑州	5689
8	大连	9678	17	西安	5398
9	苏州	9103			

数据来源：中国网，《2010 年 7 月中国城市房价排行榜》。

(三) 现代服务业集聚区建设

现代服务业集聚区规划建设情况也是反映地区服务业集聚能力的一个指标。现代服务业集聚区，主要是指商务楼宇、星级宾馆及相关休闲、生活配套设施较为集中，商务、生态和人文环境协调，具有较强吸引国内外现代服务业知名企业集聚的能力的区域，也可以称为微型CBD地区。在规划建设服务业集聚区方面进行全国对比，可以堪称典范的是上海市，上海早在2005年就提出了建设现代服务业集聚区，制定了相关的规划，划定了20个区域，领导重视，分工明确，措施得力，2006年全面建设启动，2007年取得阶段性成果，2010年基本完成，做到了与国际大都市建设的功能定位相结合，与先进制造业集聚区建设结合起来，与各区县的功能定位结合起来，结合区域特点和优势，形成特色和品牌，让各种服务业态的优势集聚、信息集聚、功能集聚，形成资源集合、产业集群、服务集成的现代服务业集聚区。杭州市现代服务业集聚区建设也走在全国前列，2005年杭州市委、市政府首次召开全市现代服务业发展大会以来，杭州市现代服务业的发展取得了明显成效，据初步统计，现有各种类型的服务业集聚区60多个，服务业集聚区发展涉及面广、发展快、数量多、特色功能明显，其中一些服务业集聚区在建设规模和水平上已经呈现出领先全国的特征。2010年杭州市出台《现代服务业集聚区总体布局规划》，从服务业各行业中选择了18个重点扶持类集聚区，将对其加大财政扶持，强化用地保障。天津市对服务业功能区进行了规划，制定了《天津市现代服务业布局规划（2008－2020年）》，根据天津产业发展特点和需要，规划了金融、现代物流、商贸流通、科技服务、旅游、会展、文化及创意、人才教育等八大行业的发展和布局。相比较而言，广州对现代服务业的发展也相当重视，2009年，广州出台了《广州市现代服务业功能区发展规划纲要》，同时也配套了功能区建设的行动纲领，但是，广州现代服务业的集聚区规划一直没有出台，从而在现代服务业建设方面，形式意义大于行动效果，有发展方向，没有明确充分的落地保障，造成了广州现代服务业发展的载体相对落后，集聚能力相对不足的局面。

从以上几个维度的分析可以看出，由于上个世纪广州进行了东南北三个方向的城市扩张，广州市的城市面积成若干倍的增长，从而拉开了城市发展的骨架，为服务业的发展提供了广阔的空间，也一定程度为服务业的行业集聚提供了重新"洗牌"的可能。为此，广州形成了一批由市场选择形成的服务业集聚区，政府也开始规划服务业功能区，但是由于城市规划空间较大，基于服务业靠近客户的特点，广州的服务业的集聚功能还没有充分发挥出来，政府的规划也存在着滞后的现象。

四、服务输出能力

服务输出能力一般与当地服务业发展水平及其市场需求格局变动密切相关，广州总体服务输出状况有赖于对其服务需求格局进行动态性考察。总体服务需求一般可划分为个人服务需求和生产服务需求，下面对10年来广州个人服务和生产服务的市场格局变化进行研究估算。为此，本文作出以下假定：①外地游客每天消费水平约为本地居民每天日常消费支出的10倍，外地游客服务性消费占其总支出的70%，本地居民服务性消费占总消费支出比重根据广州市统计年鉴数据确定；②根据一般经验，我国目前工业的中间服务投入水平约为其工业规模的1/3，根据广州生产服务业就业在珠三角所占比重水平，确定其他珠三角地区工业中间服务投入的20%，是由广州所提供。由此，粗略测算了1998—2008年间广州个人服务需求和生产服务需求的市场格局及其变化情况（见表5-5）。研究结果表明，"十五"之前，广州服务业主要是依赖本地市场而发展，本地市场需求占服务市场总需求的比重大致在70%左右，而到2008年，这种以本地市场为主导的格局大为改观，本地市场所占份额已下降至50%~60%左右，而外地市场所占比重大幅上升，已逐渐接近本地市场，表明服务输出正成为广州服务业发展的重要驱动力。其中，从工业所引导的服务投入看，外地工业对服务业带动的比重已略微超过市内工业。总体上看，近年来广州服务业市场格局正在发生根本性变化,这一变化集中体现为:本地市场及制造业的服务需求比重相对下降,外地市场及珠三角等其他地区制造业的服务需求比重稳步上升,广州服务业总需求构成中接近一半的市场开始依赖对外服务输出,也就是说,广州服务输出对服务经济发展的贡献率接近50%。

表5-5 1998—2008年广州各类服务需求比重变化情况 单位:%

指标 项目	各类服务需求所占比重(1998年)	各类服务需求所占比重(2008年)
居民服务消费需求 本地居民服务消费 外地居民服务消费	100 82 18	100 70 30
工业中间服务投入需求 本地工业服务需求 外地工业服务需求	100 57 43	100 47 53

资料来源:根据广州市及广东省统计年鉴数据计算整理。注:居民服务消费的相对比重主要根据本地居民和外地过夜游客数量及其日消费水平、服务消费比重情况所估算,制造业服务需求主要根据本市工业和外地工业(主要为广东省其他地区工业)的相对规模及其服务投入强度情况所估算。

下面,本文进一步从主要行业或领域来考察广州的对外服务及辐射能力。

(一)商贸辐射力

如表5-6所示,广州批发零售比达到4以上,低于北京、上海、天津等具有全国资源调拨能力的直辖市,但明显高于深圳、武汉等二线城市,表明广州商品批发流转量大大超出城市本身消费量3倍以上。此外,广州外贸进出口总额接近800亿美元,这一水平远低于上海、深圳、北京等外贸大市,但仍明显高于内陆中心城市,与天津大致相当。总体上看,广州商贸业辐射力低于京沪两市,但与深圳、天津同处于第二集团前列,处于全国城市前列水平。需要说明的是,广州是全国知名商业中心城市,具有较强辐射力的批发业一向发达,但这主要限于一些重要而单价较低的轻纺产品品种,如茶叶、中药、玩具、服装、纺织、皮具等,由此导致其批发总额并不高,从而低估了批发零售比这一指标,但由于"广交会"等战略性平台的存在,以及不断兴起的大宗商品交易中心为依托的"广州价格"的相继形成,广州商贸实际辐射力较大。

表5-6 广州与其他中心城市商贸辐射力比较(2009)

城市 指标	北京	上海	广州	天津	重庆	深圳	武汉
批发零售比	5.75	5.32	4.08	4.60	2.51	2.05	1.71
对外贸易出口额	2148	2777	770	636	77	2702	141

数据来源:根据各城市2010年统计年鉴相关数据计算所得

(二) 物流输出能力

作为国内综合交通枢纽之一,广州海、陆、空、铁交通体系完善,拥有华南地区最大国际港口、航空港和铁路客运站,以广州为中心的高速公路网和铁路网已经形成,具有国际一流水平的武广高铁在全国率先开通,对外交通枢纽与国际时效物流服务功能突出。2007年,广州以货运量为代表的物流总规模达42759万吨,低于上海、北京两市,但高居国内副省级城市首位,其中,作为衡量国际物流服务能力的重要指标之一,广州港口货物吞吐量达32815万吨,也居全国第三位,而用于出口的货物吞吐量达13996万吨,约占全市货运量的近1/3,也就是说,在广州物流市场构成中,约有1/3是为境外客户提供服务的。此外,广州还是华南地区时效物流的最大基地,2009年,广州白云国际机场货邮吞吐量接近100万吨,超过省内其他4个机场的总和,在国内仅低于京沪两市；而时速近 400 公里的武广快线的开通运营，使得经由客运附带的小批量货运成为广州新的时效物流途径之一。总体上看，广州物流输出能力较为强大。

表5-7 主要副省级城市境外物流服务能力比较

城市 \ 指标	城市总货运量（万吨）(2007)	港口货物吞吐量（万吨）(2007)	机场货物邮吐量（万吨）(2009)
广州	42759	32815	96
深圳	11320	17783	60
武汉	20818	5034	10
宁波	20307	30969	
大连	28712	20046	12
南京	18402	10729	20
杭州	20914	7837	23
青岛	39606	22437	14

资料来源：各市 2008 年统计年鉴。

（三）旅游辐射力

旅游服务输出能力的最好指标是一个城市的年接待游客数。2008 年，广州共接待国内外游客人数超过 1 亿人次，仅略低于北京和上海，居全国城市第三位，远高于国内其他中心城市。其中，2009 年广州接待海外旅游者 689 万人次，更高居国内各城市之首（图 5-1）。综合来看，广州旅游服务输出能力较强，处于国内领先水平。不过，需要注意的是，广州在接待游客数较庞大的同时，国内旅游收入却只有 619 亿元，不仅远低于北京和上海，也低于天津、苏州、南京等二线城市，居国内第六位，仅比杭州多出 3 亿元，表明广州旅游景点较为单一，等级普遍偏低，使得很多游客仅匆匆而过，这应引起业界高度重视。

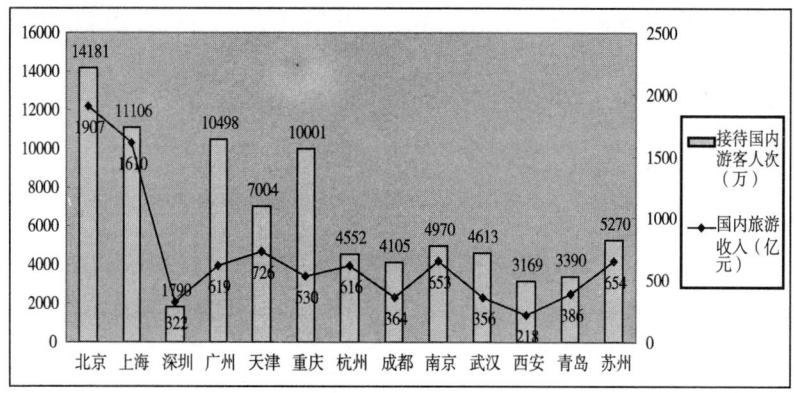

图 5-1 主要城市国内游客人数与国内旅游收入比较

数据来源：各城市 2008 年统计公报。

（四）金融辐射力

金融中心辐射力主要可从以下三个方面加以衡量。首先是金融增加值在城市 GDP 中的占比。一个城市如果是一个区域的金融中心，那么这个城市的金融 GDP 至少是这个城市的总体 GDP 的 10% 以上。不管是上海、北京，还是香港，还是欧洲、美国的金融中心，他们的金融 GDP 一定在整个城市总体 GDP 的 10% 以上。根据这一标准，国内只有北京、上海、深圳三个城市达到并超过了这一界限，广州的这一指标到 2009 年只有 6.07%，不仅大大低于三个全国性金融中心，也低于六大区域金融中心的杭州市（表 5-8）。其次，是一个城市金融的集聚和辐射能力，根据经验主要用城市本外币各项贷款余额占本市 GDP 的比值衡量，一般而言，作为一个具有较强金融中心辐射力的城市，这一比值至少要达到 2 以上，才能说明它有较强的资金业务的对外辐射服务能力。而目前，只有北京、上海、杭州达到了这一基准线，深圳也比较接近 2，而广州仅为 1.52，明显低于上述四个城市，与天津、重庆比较接近，表明其金融辐射力还很不强大。再从一个综合性反映指标——中国金融中心指数看，广州仅为 38 分，也远远低于三个全国性金融中心城市，这进一步印证我们前面的评判和分析。

表 5-8 国内主要中心城市金融辐射力指标的比较 (2009)

城市 指标	北京	上海	深圳	广州	天津	重庆	杭州
金融增加值占GDP比重	14.5	12.2	14.0	6.07	5.62	5.97	8.71
贷款余额/GDP	2.62	2.01	1.80	1.52	1.48	1.36	2.57
中国金融中心指数	89	100	62	38	30	24	—

资料来源：经各市2009年统计公报整理，中国金融中心指数来源于深圳综合开发研究院的权威发布成果。

(五) 信息服务辐射力

从现实情况上看，广州是我国三大电信枢纽之一和国际互联网三大接口城市之一，电话普及率、家庭上网率等反映综合信息服务能力的指数也处于国内城市前列，而且信息服务业占城市GDP比重也处于较高水平，表明广州信息对外服务辐射力总体较为强大。从一些具体方面看，我们能够更加清楚地看到广州信息服务能力的优劣状况。

首先，在互联网时代，一个城市综合门户网站数量与其对外提供信息服务的能力显然是成正比的。2009年，广州城市综合门户网站数量仅次于北京、上海而居国内第三位，在全国中文网站100强中排名也居第三位，而网站人气指数（又称CIIS值）居第四位，总体处于靠前位置（表5-9）。然而值得注意的是，广州拥有中文网站百强的数量大幅落后于北京、上海，与杭州持平，比深圳稍微占优，但广州的形势非常不乐观。以网易为例，该公司虽然发迹于广州，但其决策机构事实上却在北京。与其他城市如杭州一样，广州面临着越来越多的网络企业将总部迁移至北京、上海两市的趋势。虽然广州与深圳相比从指标上看略微占优,但仅腾讯一家公司的影响力就几乎超过广州全部网络服务企业的影响力。

表5-9 广州与主要城市综合门户网站的比较

城市 指标	北京	上海	深圳	广州	天津	重庆	杭州	成都	南京
综合门户网站数	76	19	7	9	0	2	8	0	2
门户网站占比	61.79	15.45	5.69	7.32	0.00	1.63	6.50	0.00	1.63
CIIS值	11335	1370	2547	1537	0	212	1209	0	58
CIIS值占比	62.05	7.50	13.94	8.41	0.00	1.16	6.62	0.00	0.32

数据来源:中国互联网指数,http://ciis.chinalabs.com/,已经过整理,下同。

其次,电子商务通常是信息服务能力的一个重要指标,因为,电子商务往往具有很强的远程服务能力,多为区域外企业提供商务等延伸服务。笔者将中国排名前100名的电子商务网站所在城市的CIIS值加总得到城市电子商务CIIS值。从该指标可以看出,由于杭州阿里巴巴在国内电子商务领域内的绝对龙头地位,电子商务几乎成了杭州的名片,为了将该公司总部留在杭州,杭州地方政府甚至计划为该公司创始人立碑。值得注意的是,由于电子商务更多地依赖人才支持和商务环境以及交通的便捷性,国家中心城市对周边城市的电子商务企业具有强大的吸引力,电子商务企业向北京和上海等城市集中和聚集的趋势日益增强(见表5-10)。

表5-10 中国主要城市电子商务CIIS值

城市 指标	北京	上海	深圳	广州	天津	重庆	杭州	成都	南京	武汉	青岛	苏州
电子商务CIIS值	247	110	139	22	0	0	964	0	28	0	0	2

数据来源:中国互联网指数网站,http://ciis.chinalabs.com/,已经过整理。

最后，信息服务输出能力还有赖于培育和形成一大批知名的信息服务机构、企业和国家级生产基地。特别是国家重点规划和支持的，电子信息产业部计划单列企业、软件企业百强、国家软件出口基地或软件园区以及国家规划布局内重点软件企业等，对一个城市的信息服务功能将持有强大的提升作用。而在这方面，广州在全国重点城市中总体仅处于中下游的地位（见表5-11）。目前，广州没有一家企业进入电子信息产业部计划单列企业行列，仅有一家国家级软件产业园区。而在国内软件企业百强榜单中，广州只有四家，占全国的5%，与沈阳持平，但远远落后于北京、杭州、上海、深圳和南京等城市。

表5-11 国内主要城市信息服务业生产基地和企业数比较

城市	软件企业100强数	电子信息产业部计划单列企业数	软件出口基地或软件园区数	国家规划布局内重点软件企业数
北京	23	3	2	38
上海	8	4	2	29
深圳	8	1	1	14
广州	4	0	1	10
天津	0	1	1	3
重庆	1	0	0	5
杭州	12	0	1	15
成都	2	0	1	6
南京	7	1	1	11
武汉	2	0	0	3
苏州	0	0	0	1

数据来源：中国工业和信息化部，http://www.miit.gov.cn/，软件百强企业城市分布由笔者整理。

五、产业可持续发展能力

产业可持续发展能力是体现一个地区产业发展的平稳性、发展能量和发展后劲的一种能力,可持续发展能力强,则该地区未来发展前景良好,发展过程平稳,发展潜力巨大,发展后劲充足。决定一个区域的服务业可持续发展能力,可以有如下几个指标:服务业固定资产投资、人均可支配收入、商务环境质量和投资环境等等因素。

下面,笔者拟从不同的维度对比广州的产业可持续发展能力。

(一)服务业固定资产投资

服务业固定资产投资的多少,说明了该地区新增服务业企业的数量、服务业企业投资水平、服务业企业的规模水平、服务业企业的技术投入等,直接决定了该地区服务业企业的数量、规模、等级、获利能力等,也决定了地区的服务企业的发展后劲。从表5-12取样的17个城市来看,上海、北京服务业固定资产投资的数额最大,超过3000亿元位居榜首,重庆、成都、天津超过2000亿元属于第二梯队,广州以1656亿元位于第三梯队的首位,宁波和郑州以不到1000亿元的额度居于末位。从数额对比情况来看,北京、上海服务业固定资产投资超过广州一倍以上,说明这两个国家中心城市在服务业未来发展方面的投入非常迅猛,服务业的发展质量在迅速超越;而成都、重庆、天津等地在服务业固定资产投入方面的加快,也说明了国家加大对老工业基地和西部地区的投入,加快缩小目前服务业发展水平方面的区域差距,对于广州来说,将会面临更大的挑战,尤其是重庆和天津在服务业方面的跨越式发展,会越来越严重威胁以服务经济为主体的广州市当前在全国的经济地位。

第五章 广州现代服务业分项竞争力评价分析

表5-12 国内城市服务业固定资产投资

城市	北京	上海	深圳	广州	天津	重庆	杭州	成都	南京
服务业固定资产投资	3550	3636	1082	1656	2101	2741	1290	2005	1053
城市	武汉	西安	青岛	苏州	宁波	郑州	大连	沈阳	
服务业固定资产投资	1515	1393	1001	1329	890	961	1387	1820	

数据来源：各城市2008年统计公报，已进行综合整理。

（二）人均可支配收入

城镇人均可支配收入的多寡决定了地区人才等级的高低和人才吸引能力的大小，鉴于服务业对人力资源的高度依赖，吸引人才的能力直接决定服务业的创新能力、服务水平，决定了区域现代服务业的可持续发展能力。从下表可以看出，在下列17个城市中（表5-13），深圳、上海、广州、宁波和杭州的城镇居民人均可支配收入超过3万元人民币，其中广州稍优于宁波和杭州名列第三，超过北京，比起天津、重庆、成都、武汉、西安、青岛、郑州、大连和沈阳等优势明显，加上广州的其他优势，广州在吸引服务业人才方面，具有相当高的吸引力。

表5-13 国内城市人均可支配收入（2010）

城市	北京	上海	深圳	广州	天津	重庆	杭州	成都	南京
城镇人均可支配收入	29073	31838	32381	30658	24293	17532	30035	20835	28312
城市	武汉	西安	青岛	苏州	宁波	郑州	大连	沈阳	
城镇人均可支配收入	20806	22244	24998	29219	30166	18897	21293	20541	

数据来源：各城市2010年统计公报，已进行综合整理。

（三）投资环境

不管对于吸引外来投资还是对于城市现代服务业的发展来说，投资环境的好坏和营商条件的优劣都是一个非常重要的因素，这里把福布斯的有关数据作为衡量投资环境和营商条件的一个依据,也许不十分准确,但是代表了一种第三方立场。"2010年福布斯中国大陆最佳商业城市排行榜"通过对人才指数、消费力指数、客运指数、货运指数、经营成本、经济活力、创新指数等因子的分析比较,在中国大陆100个城市中,把广州排在了综合竞争力第一的位置,其后是上海、深圳、杭州、苏州、北京、无锡、宁波、南京等城市。其中广州在消费力指数、客运指数、货运指数等三项上,都位居全国第一。

表5-14 2010福布斯中国大陆最佳商业城市排行榜

城市	广州	上海	深圳	杭州	苏州	北京	无锡	宁波	南京
指数	0.824	0.8089	0.7973	0.7937	0.7886	0.7856	0.7737	0.7715	0.7673

数据来源:http://www.forbeschina.com/list/772/more

总体来说,广州现代服务业在可持续发展能力方面居于全国前列,从投资环境和人才引进能力等方面来看,以远优于全国其他地区的优势条件而支撑着广州服务业的未来发展。值得忧虑的是,广州在服务业固定资产投资方面落后于很多其他城市,这将深刻影响广州市未来服务业的未来发展。值得欣慰的是,这个数据采集于亚运会举办以前,亚运会在广州举办,为广州市城市建设增加了将近上千亿元的建设投入,会深刻影响广州市的城市面貌,推进广州市服务业的发展,弥补前期服务业固定资产投资的相对不足,从而为广州服务业的未来发展"给力"。

第六章

广州现代服务业重点行业竞争力

一、金融业

广州金融业发展有着悠久的历史。早在1757－1842年间，广州十三行已经是中国唯一合法的外贸特区，银炉、票号、找换店、典当等旧式金融机构在这个时期开始发展，为广州近代金融业形成、完善和发展奠定了坚实的基础。1805年，英国东印度公司鸦片部经理达卫森在广州发起成立了谏当保安行，它是在中国成立的第一家保险机构，中国保险历史从此开始。1845年，中国第一家外资银行——英国丽如银行广州分行成立。随后，汇隆银行、汇丰银行、麦加利银行、花旗银行、东方汇理银行、德华银行、横滨正银行等先后在广州设立分支机构。光绪十五年（1889年）四月二十六日，我国第一家机械化的造币厂——广东钱局开铸光绪通宝库平一钱方孔制钱，开创了我国大规模机械铸币的新纪元。1924年，孙中山在广州创立中央银行，宋子文为行长。二十世纪初，大信银行、远东实业储蓄银行、广东储蓄银行、嘉华储蓄银行、兴中商业储蓄银行、南方实业储蓄银行、大中置业有限公司、五华实业信托银行、丝业银行等商业银行都将总行设在了广州，广州金融业务连通华南各省，与上海、天津、武汉并列为全国四大金融市场①，这个时期，香港还没有加入竞争者的行列。

辉煌的历史不能掩盖广州当前金融业发展强敌环伺、步履艰难的尴尬局面。作为现代经济的核心，金融业在资源配置、推动经济发展和经济结构调整中发挥着举足轻重的作用，广州不能不把发展金融业放在首要的位置。虽然近年来广州金融业健康快速发展，区域金融中心建设取得很大进展，但是和其他同类城市以及周边城市相比，依然存在很多问题，拖累广州未来经济发展。为了明确广州在国内主要城市中金融业发展的地位，评价广州的金融服务功能，本书重点选取体量较大的五大国家中心城市和金融业发达的深圳、苏州、杭州等共8个城市进行比较研究。

（一）发展速度开始提速，整体规模有待提升

近年来，广州以落实规划纲要为契机，确立了"金融强市"的发展战略，优化金融生态环境，推进金融创新，做大做强金融业和保险业，力图突破期货业，大力发展资本市场，经过多年积累，广州已经成为区域性金融市场和区域性金融机构总部所在地。2010年末，广州地区金融机构本外币存款余额23953.96亿元，贷款余额16248.31亿元，分别是

---

① 资料来源：广州市金融办网站。

2005年末的2.04倍和2.14倍，资金实力居全国大城市第三。2010年，证券基金交易额4.14万亿元，是2005年的19.73倍；期货代理交易额25.95万亿元，是2005年的28.86倍，居全国大城市第五；保险市场保费收入420.4亿元，是2005年的2.71倍，居全国大城市第三，整体实力有了明显提升。目前进驻广州的外资银行已有74家，还有不少银行总部想进驻广州，尤其是广州银行和广州农村商业银行成功改制重组后，发展势头良好，业务范围已走出广州、走出广东。金融机构及网点数量多。拥有银行、证券公司、保险公司、基金公司、信托公司、期货公司等各类金融机构总部和地区总部179家。金融资产规模大。截至2009年末，全市金融机构资产总额达2.83万亿元，当年实现利润290亿元，实现税收120.6亿元。证券基金交易额、期货代理交易额在国内排名的落后，凸显了广州在证券、期货等资本市场领域由于平台的缺失导致的竞争力下降的必然结果，其他大部分指标和广州市作为全国第三大经济体的城市地位保持一致。

和同类城市相比，广州金融服务业的整体规模依然不大，广州金融增加值仅为500多亿元，与天津、重庆、杭州等大致在一个水平线上，但与三个全国性金融中心城市差距较大，金融规模不到深圳的1/2和京沪的1/3。从相对数来看，广州金融增加值占GDP比重仅为6%，不仅远低于京沪深三个一线城市，也明显低于杭州市。一般而言，一个城市如果是一个区域的金融中心，那么这个城市的金融GDP至少是这个城市GDP的10%以上。不管是上海、北京，还是香港，还是欧洲、美国的金融中心，他们的金融GDP一定在整个城市总体GDP的10%以上。根据这一标准，国内只有北京、上海、深圳三个城市达到了这一界限，杭州也较为接近，而广州仍相去甚远，表明其金融集聚能力相对不足，金融服务功能总体偏弱。

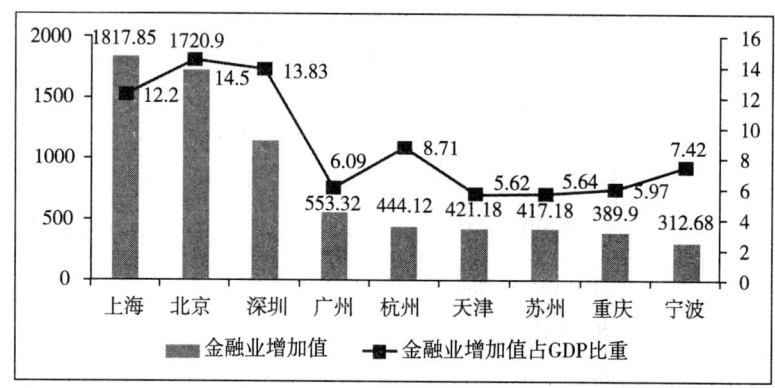

图 6-1　主要城市金融业增加值及占 GDP 比重（2009 年）

数据来源：各城市 2009 年国民经济和社会发展统计公报，已进行综合整理。

（二）内部结构趋于优化，市场活力相对不足

进入新世纪以来，广州金融机构总部、外资金融机构以及非银行金融机构大幅增加，2006 年到 2010 年末，广州市新引进金融机构总部和地区总部 71 家，2010 年新设和引进金融机构 16 家，其中法人金融机构达 5 家，新增数创历年之最。广州是全国金融业对外开放最早的地区之一，金融业已初步形成多层次、宽领域的对外开放格局，国际化特征日益明显，金融对外开放程度高，截至 2009 年末，全市有外资金融机构及代表处 76 家，居于全国大城市前列。企业上市和直接融资取得新突破，到 2010 年末，广州地区境内外上市公司 70 家，比 2005 年翻了一番。2010 年有 12 家企业通过中国证监会发行审核，其中广汽集团、广发证券等 10 家企业挂牌上市，共融资 100 亿元。广州产权交易所成立了广州文化产权交易所、广州商品交易所，并成立了广州交易集团。金融基础设施全国领先，广州是全国业务量最大的区域性资金清算枢纽，业务量位居全国大城市第一。广州金融机构类型日益多元化，高能级金融机构日益增多，金融生态得到明显改善，金融业内部结构趋于优化。从横向比较来看，广州金融业结构

层次依然不高,这可以从三方面得到体现:一是高能级金融机构比重依然偏低。以银行、保险、证券三大主体行业统计,广州目前拥有金融机构总部和上市公司,无论是总量还是所占比重不仅远低于北京、上海,也大大低于深圳和杭州,大致与天津、重庆在同一档级。二是非银行机构相对不发达。经过30年改革与发展,广州以银行为主体的金融格局已彻底改观,非银行金融机构,包括保险、证券、担保公司、小额贷款公司、租赁公司、信托公司,典当行、拍卖行、私募股权、风投、创投基金等各种机构纷纷出现,并在广州集聚,成为一个区域的高地。但可以看到,与三大全国金融中心乃至比较活跃的江浙地区相比,广州非银行金融机构不仅在数量上相对不足,而且在机构创新方面也落在了许多城市的后面,许多新型金融组织都不是在广州首创,甚至在广州还是空白,如科技银行等。三是金融机构、信贷资金及业务收入结构处于较低层次。根据中国人民银行广州分行提供的资料表明,与深圳相比,广州金融机构负债资金来源结构相对单一,迄今仍维持以企业存款和居民储蓄为主的格局,同业存放所占比重依然较低,表明深圳金融机构信贷资金来源结构优于广州;从信贷资金支出构成看,广州基建贷款总量较大,而深圳消费贷款余额较大,更加符合经济转型发展的趋势,且深圳金融机构融资租赁、委托贷款、有价证券及投资等项目余额也都高于广州同业水平,说明深圳信贷资金运用方式更加多元化;此外,广州金融机构的手续费收入、租赁收益等绝对值及占比均明显低于深圳同业,则进一步说明广州金融机构中间业务拓展能力相对薄弱①。

表6-1 广州与国内主要城市金融结构性指标比较(2009)

城市 指标	北京	上海	广州	天津	重庆	深圳	杭州
证券机构	118	93		87	82	105	85

---

① 马经:《以解放思想引领广东金融业新一轮发展》。

| 保险机构 | 552 | 307 | 230 | 520 | 354 | 236 | 386 |
| 金融业单位数 | 1025 | 787 | 191 | 688 | 612 | 458 | 344 |

数据来源：各城市2010年统计年鉴，证券机构包括内资证券机构（含法人机构和营业部，不含服务部）；保险机构不含内资保险机构中的营销服务部；金融业单位数为银行、证券和保险机构数量总和，但银行机构不含二级支行/信用社、分理处（分社）以及储蓄所。

（三）金融服务效率处于国内先进城市的中下水平

"十一五"以来，随着行业信息化手段的广泛应用，广州金融服务模式出现日新月异的变化，2010年全市金融机构网点近3000多家，自助银行遍及全城，网上银行日益普及，服务产品日益丰富细化，刷卡消费比比皆是，由此使得金融服务效率得到极大提升。然而，横向比较看，广州金融服务效率仍不尽人意，其行业劳动生产率不到深圳的一半，也低于杭州、苏州、上海等城市（表6-2），但是超过北京和重庆，总体上处于国内先进金融城市的中下水平，亟待进一步提高。

表6-2 国内主要中心城市金融辐射力指标的比较（2009）

城市 指标	北京	上海	广州	天津	重庆	深圳	杭州
金融业劳动生产率（%）	25.22	43.58	94.64	41.45	37.13	35.69	55.65
贷款余额/GDP	2.62	2.01	1.80	1.52	1.48	1.36	2.57
中国金融中心指数	89	100	62	38	30	24	—

资料来源：经各市2009年统计公报整理，中国金融中心指数来源于深圳综合开发研究院的发布成果。

（四）金融辐射力相对较小，以服务区域为主要特点

随着广州银行的成立，广州本土金融机构的实力在不断提升，2010年

第六章　广州现代服务业重点行业竞争力

成立了广州银行深圳分行,正在筹备设立南京分行和佛山分行。2009年改制成功的广州农村商业银行,2010年在河南淮滨发起设立3家村镇银行,实现跨区发展。这些本土银行外地分行的设立,实现了广州本土机构对外辐射的零的突破。

金融服务的功能强弱最重要的是体现在对外服务的能力上,金融辐射能力是金融服务功能的一个重要标志,这可以从以下三个方面加以衡量:一是城市本外币各项贷款余额占本市GDP的比值[①]。根据经验,作为区域金融中心,这一比值至少要达到2以上,才能说明它有较强的资金业务的对外辐射服务能力,因为这一数字表明了该城市能更广泛集聚周边地区资金资源,而辐射服务的区域范围更加广泛。如表6-2,目前,只有北京、上海、杭州达到了这一基准线,深圳也接近2,而广州仅为1.52,明显低于上述四个城市,与天津、重庆处于同一档级,表明其金融服务辐射力还比较弱。二是金融要素市场的创新能力。在这方面,受益于国家特定的政策扶持,上海无疑占据了绝对优势,股票市场、外汇市场、期货市场、黄金市场等全国性要素市场平台一应俱全,北京、深圳也在一些关键的要素市场建设上占据了"制高点",此外,尽管缺乏国家政策的扶持,重庆、杭州等城市也通过政策博弈和自身努力,创建了一些重要的要素市场平台。如重庆先后创立联合产权、农村土地、内陆航运、OTC柜台等七大新型市场交易所,杭州率先创建了动漫产权交易所,武汉等一些城市正在尝试建立碳交易市场等,与之相比,广州在市场平台创新方面显得较为保守和被动,缺乏全国性金融要素市场,新型市场平台较少,市场辐射范围也较窄,广州期交所迄今尚未恢复。金融要素市场的创新相对乏力,在很大程度上限制了广州的金融服务辐射力。最后,再从金融中心综合能级水平看,选取一个综合性反映指标——中国金融中心指数,2009年,广州区域金融中心指数的得分远远低于三个全国性金融中心城市,这进一步印证本

---

①　黄奇帆:重庆着力构建区域金融中心,中华工商时报,2010年9月28日。

书关于广州金融服务辐射力相对不足的判断。

（五）发展环境日益改善，区域竞争形势不容乐观

近年来，广州市对发展金融业的重视程度不断加强，自2006年实施《广州金融业发展专项资金管理办法》，颁布了广州市金融业"十一五"规划以来，每年都有相应的推进金融业发展的举措。2011年17日，广州市政府常务会议审议并原则通过了《广州区域金融中心建设规划（2011－2020年）》和《关于加快建设广州区域金融中心的实施意见（2011－2015年）》，全面布局区域金融中心建设，明确到2020年要把广州打造成为与香港功能互补、在国内外具有重要影响力、与广州国际大都市地位相适应的国际化区域金融中心。广州金融业将力求在金融功能区建设、金融市场平台建设、发展金融总部经济、资本市场建设、金融改革创新这五个方面有新的突破。广州将研究出台优惠政策，加大扶持力度；加大金融招商，把金融招商、资本市场招商、金融平台招商，作为"新广州新商机"系列推介会的一个重要内容进行组织。广州将把珠江新城——员村金融商务区建设成为全国一流的金融总部基地，成为广州金融的名片；并在科学城、中新知识城以国际先进的发展模式和创新的理念规划，建设广州金融创新服务区。广州将大力推动企业上市"双百"工程，争取在两年内上市公司数量接近或达到100家，未来5年内，争取再新增100家上市公司，打造证券市场"广州板块"。广州市市长万庆良更强调"金融强，国家中心城市功能则强"，把金融业的发展作为广州经济全面发展的领头羊，是增强国家中心城市功能、加快实现发展方式转变和产业结构升级的需要。未来十年，广州发展金融业的总体目标是到2012年，金融业增加值占地区生产总值的比重达到8%；到2015年，金融业增加值占地区生产总值的比重达到10%；到2020年，金融业增加值占地区生产总值的比重达到12%，基本达到发达国家区域金融中心的水平。广州将加快发展八大中心功能，即区域金融管理营运中心（金融总部经济）、区域银行保险中心、区域金融教育资讯中心、区域支付结算中心、区域财富管理中心、区域股权投资中心、区域产权交易中心和区域商品期货交易中心等。并计划打造1~2个全国交易市场平台,为此,将积极争取恢复设立广州期货交易所,做大广州产权交易所,争取设环境资源交易平台等。

虽然广州在紧锣密鼓抓紧区域金融中心的建设,但是,不容忽视的是,国内其他城市也在争夺金融资源,纷纷推出各自的金融发展规划。紧邻广州的东莞发布了《东莞市金融业发展规划(2009-2020)》,计划到2015年,把东莞初步建设成为金融产业发达,金融综合竞争力强的金融强市,使东莞成为全省乃至泛珠三角地区的地方金融机构改革先行区、引进外资金融机构重点区、金融生态示范区、金融产品和服务创新区、金融机构聚集区、新型金融机构和民间金融试验区。南海全力推进广东省金融高新技术服务区的规划建设,引进银行、保险、证券、期货等金融机构及会计师、律师事务所等相关中介机构,为金融业的后勤服务机构诸如信用卡中心、数据处理中心、研发中心、培训中心等提供发展空间,以此来承接国际尤其是香港地区金融服务业转移,成为广东省金融业后勤服务基地,目前已经是名声鹊起、初见成效。广州的东西两翼地区挟本区域制造业优势,抢占金融业制高点,分流有限的金融业资源,对广州发展金融业构成实实在在的竞争和挑战。到目前为止,广州作为国家中心城市,在吸引金融业总部方面对比周边城市尚有明显优势,广发证券的几度迁徙就是一个例证,随着广州市经济规模的进一步扩大,总部集聚的趋势将会进一步加强,但是广州永远不能轻视珠三角城市发展金融业的决心以及招商引资的实力。

从区域板块来看,由于国家行政体制的因素,北京作为首都在金融功能方面无疑具有独一无二的优势,是其他普通中心城市难以比肩的;而由于上海作为全国经济中心的城市地位,以及国家赋予上海国际金融中心的战略定位,上海的金融服务功能实际上与北京是难分伯仲;深圳作为国内发展最好的经济特区,其早期的金融与产业互动发展战略,使得深圳已经具有先行一步的优势，广州与其差距进一步扩大，广州与经济特区在税收等方面的政策差异，不利于金融资源的聚集；杭州、天津和苏州的情形实际上与广州一致，主要受周边更高能级的金融中心的影响；重庆虽然在总体排名上相对靠后，但作为西部唯一的直辖市，重庆金融功能发展前景十分看好。总体上看，金融服务是城市综合服务功能的核心，是特大中心城市应具备的关键功能，但广州在这方面的服务能力显得明显不足，广州地方金融机构实力相对较弱，核心竞争力、风险防范能力有待提高，产融结合不够紧密，金融对经济社会发展的支撑带动作用有待增强，金融功能区规划建设水平和聚集度存在差距；政策支持力度不够，高层次、国际化的金融人才仍相对缺乏，金融业的短板成为广州城市竞争力的一大"短腿"。究其深层原因，这主要与国家对金融资源的战略布局和特定地区的政策扶持有关，也与区域经济的竞争态势有关，应该说，在狭小的珠三角地区，国际金融中心香港的存在和全国新兴金融中心深圳的崛起，对广州金融业发展形成了极大的负面制约。

二、房地产业

（一）广州房地产业发展概况

广州房地产业在国内起步较早，其发展历程是中国房地产市场化进程的一个缩影。广州房地产业发展既是我国房地产改革试点的产物和改革受益者，同时也是房地产改革的极大推动力量。广州房地产业对国内房地产业发展起了重要的推动作用，其成功的经验及创新做法为国内其他城市同行所借鉴。

我国商品房改革和土地改革试点工作首先在广州和深圳推进，广州房地产业在这种改革背景下迅速发展起来。在广州早期房地产发展进程中,有两个标志性事件对全国房地产改革和发展产生了标志性影响:东湖新村住宅项目和芳村花地大道住宅用地拍卖。第一,东湖新村是全国第一个商品住宅项目,是第一个引进外资的住宅项目,也是第一个实施物业管理的住宅小区。东湖新村1979年开始兴建,1982年竣工。东湖新村项目开创了国内住宅建设和管理新模式,这种模式逐渐为国内其他城市仿效。第二,芳村花地大道住宅用地拍卖事件发生在1988年。其时,芳村区政府为筹措修筑花地大道建设资金,将花地大道两侧1.07平方公里商品住宅用地,以标的价6000万元及无偿投资建设该住宅区内市政、公共服务设施为条件招标出让。这是国内第一次大规模商品住宅用地招标,对后来国内强制推行的"招拍挂"土地转让方式产生了极为深远的影响。同时,这个事件让大家对土地的融资功能具有一个初步认识,对后来房地产业利用土地融资起了推动作用。

从改革开放初期到20世纪末,广州房地产业处于快速发展通道。亚洲金融危机爆发之前,大量港澳企业进入广州房地产领域,推动广州房地产业迅速繁荣起来,从项目建设、资金融通、物业管理以及产品营销等方面确立了广州房地产业行业规范。早期广州房地产业以外销为主,1993年商品房登记外销成交面积约占总成交面积的60%[1]。1993年6月中央出台的宏观调控16条措施有效地抑制了国内"房地产热",但广州市房地产业发展依然平稳增长,1994年海外媒体报道"广州是中国房地产最火的城市之一"。1994年广州房地产开发行业形成开发工作量超百亿元,销售收入、税利分别接近50亿和10亿元的规模,在国内居于首列[2]。在广州的"九五"规划中,房地产业被列入六大支柱产业之一,从而确立了房地产业在广州国民经济中的重要地位。此后,受亚洲金融危机及国内调控政策等影

---

[1]《全国建设市场信息》房地产专刊(1996年),第25页。
[2]《中外房地产导报》,1995年7月23日。

响,广州房地产业发展速度减缓,进入稳步增长阶段。

21世纪初,广州房地产业进入了一个新的发展阶段,其主要特征表现为产品创新和拓展区外市场。首先,产品创新逐渐打破困扰房地产市场的产品同质化问题。2001年以星河湾的产品创新带来一系列创新性市场行为,例如南国奥园倡导住宅开发的"运动与健康加教育"理念和凤凰城在产品及配套方面的创新等。其次,房地产业开始拓展国内重点城市市场。由于广州本地市场竞争激烈导致投资利润率降低,广州一些房地产企业开始向北京、上海、重庆和武汉等城市进军,并取得较好的回报率,广州地区销售收入在企业集团总收入中的比重不断下降。

(二)房地产业竞争力评价体系及评价方法

(1)评价方法

a. 选取合适的评价指标

房地产业竞争力评价指标是房地产业竞争力的测度工具。指标选取直接影响到测评结果能否客观、全面、准确地反映房地产业竞争力的实际水平与发展趋势。事实上,反映房地产业竞争力的指标较多,这些指标或多或少地蕴含着产业竞争力的信息量。考虑到研究效率的需要,不可能罗列出所有的指标。选择评价指标,主要遵守三个原则:第一,有效性性原则。有效性原则指所选择的评价指标必须与所评估对象的内涵与结构相符合,能够真正反映房地产业竞争力情况。从统计学角度来讲,有效性原则就是指标效度高,即指标的相关程度高。第二,可操作性原则。该原则包括二层含义:一是数据资料的可获得性,即尽可能通过查阅全国性和区域性统计年鉴及各种专业年鉴获得,或是在现有资料上通过简单加工整理获得;二是评价指标不宜过多,应尽量简化。第三,可比性原则。评价指标是对多个城市的房地产业竞争力水平进行综合评价,因此必须明确评价指标体系中每个指标的含义、统计口径、时间、地点和适用范围,以确保评价结果能够进行横向与纵向比较,以便更好地了解和把握不同区域自主创新能力的实际水平和变化趋势。

b. 动态分析与静态分析相结合

房地产业竞争力是一个动态发展的过程。分析房地产竞争力,要采用测度房地产业竞争力的静态指标,例如房地产业资产规模、就业人员规模等,对房地产竞争力进行截面分析;同时,也要采用反映房地产业竞争力不断提升的动态指标,例如增长率等,对房地产竞争力发展趋势进行评估。

c. 重点比较法

比较法是竞争力分析常用的工具。当前国内房地产业发展格局特征是:初步形成一线、二线和三四线城市发展格局,房地产一线城市主要指上海、北京、广州和深圳等城市,二线城市主要指部分省份的省会城市和沿海经济相对发达的非省会城市,三四线城市指其他城市;一线城市与二线城市的房地产业竞争力差距明显。考虑到研究效率的需要,本文只是将广州与北京、上海、深圳等重点城市进行比较,以便分析出广州房地产业竞争力状况。这种重点比较法也是可比性原则的重要表现之一。

(2) 评价体系

产业竞争力即产业比较优势,指产业在生产效率、满足市场需求、持续获利等方面所体现出来的组织、管理和创新能力。关于产业竞争力的研究从来没有停止过,从古典经济学的比较优势理论到当前波特的产业竞争优势理论等,各种理论推陈出新,不断深化对产业竞争力分析。当前研究界建立了许多产业竞争力评价范式及指标体系,以此来比较和评估某特定产业的竞争力。综合国内外关于产业竞争力评价体系研究,结合我国房地产业发展实际情况,笔者试图建立一个相对合理的房地产业竞争力评价体系。

房地产业在我国是一个快速发展的行业,目前处于阶段性增长状态,产业规模快速扩张、市场空间拓展等外延式增长是房地产业发展的主要特征。近几年来，房地产企业品牌建设意识增强，逐渐重视产品创新和服务创新，并向消费者提供差别性产品和服务，以提升企业的竞争优势。但是，由于房地产市场准入、一级土地市场垄断性经营、政府对房地产市场过度干预以及融资等因素制约了房地产市场自由竞争发展，这必将影响创新成为房地产业竞争力提升的主推动力。这些特性使得房地产业与其他行业区分开来。

基于以上分析，笔者将从四个方面构建房地产业竞争力评价体系。

第一，产业发展要素及环境。房地产业发展要素及环境评价指标主要包括城市人口规模、净增人口、城市居民人均可支配收入、土地存量和人均工资等。这些指标主要从生产要素丰裕程度、产业发展成本、市场容量等角度去分析房地产业发展的支撑基础及增长潜力。

第二，产业规模与结构。规模优势是当前房地产业核心竞争力之一，规模效应在房地产业依然起到一定的作用。产业规模指标主要包括企业数量规模、从业人员数量、年度完成投资额、销售面积等。产业结构优化有利于提升产业竞争力，评价房地产业产业结构的指标主要是产业集中度。

第三，产业自生力。产业自生力是基于林毅夫（2001）提出的企业自生力而拓展出来的。房地产产业自生力主要包括产业创新力和融资能力等因素，是产业核心竞争力的重要表现。

第四，产业经营效益。产业经营效益是基于投入—产出角度分析产业竞争力。评价产业经营效益既要考虑到产出总量及其发展趋势，同时也要考虑到相对量，即单位投入的产出。评价房地产业经营效益的指标包括房地产业增加值、增长率、资本利润率和劳动产出率等。

（三）广州房地产业分项竞争力分析

（1）产业要素及市场环境分析

a. 产业要素

产业要素对产业发展的影响表现在要素丰裕或紧缺程度、要素成本等方面,进一步对产业发展成本产生影响,最终影响到产业比较优势形成和发展。房地产业主要要素是人力资源、资本和土地。由于国内资本流动自由,其成本区域差别性不大,因而房地产业具有区域性差异的要素就是土地和人力资源。

土地一级市场由政府垄断经营,政府根据房地产市场供求状况进行供给,其供给规模缺乏规律性。此外,只要土地更新改造依然可以增值,那么土地供给可以是无限的。因此,不能使用土地供给数量指标来测度城市土地要素的稀缺程度,而使用土地出让价格指标具有较强的可信度。从近几年土地出让价格来看,广州土地价格相对低,不仅低于北京和上海等特大城市,甚至深圳和杭州等城市地价远远超过广州。根据国土资源部统计,2010年广州市综合平均地价为4191(元/M2),居住地价为5615(元/M2),价格不到北京的一半;而距离广州较近的深圳市同类价格分别为13087(元/M2)和17804(元/M2),是广州的3倍多①。

广州市房地产业人力资源丰富。根据《广州市统计年鉴2009》,2008年广州市职工年均工资为45635元,而房地产业职工年均工资为34401元,这使得房地产业企业用工成本相对较低。分析其原因,可能是房地产业涉及面广,大多数职位门槛不高,并不需要较高的专业劳动技能。与其他城市相比,广州房地产业人力成本较低。2008年北京、上海、深圳和杭州等城市的房地产业职工年均工资分别为43230、44521、36874和47257元②,均高于广州市水平。

b. 市场环境

市场是产业成长的基础,市场规模影响产业分工专业化,影响产业规模及其创新。相对于其他类型市场而言,房地产市场地域性特征更加明

---

① 数据来源:国土资源部土地利用管理司,中国城市地价动态监测网,http://www.landvalue.com.cn/。

② 数据来源:各城市统计年鉴2009。

显,主要表现在:本地消费者购买力主要在本区域内消化;房地产业要素流动性受到限制,中小房地产企业到区外市场发展困难较大。因而,国内房地产龙头企业一般出现在国内经济发达的大城市。考察一个城市的房地产市场需求状况,需要重点分析区域内需求和区域外需求。区域内需求受常住人口数量、居民购买力、居民平均居住水平等因素影响。区域外需求则主要受投资回报率等因素影响。

广州房地产市场需求规模大,需求增长稳定。从住宅市场来看,广州市常住人口规模大,居民收入高,改善住房水平的要求和愿望强烈,形成住房市场强有力的购买主力;每年净增人口多,形成较大的增量需求。2009年广州市常住人口约为1033.45万人,人口规模较大;城镇居民年人均可支配收入约为27610元,在国内城市中居于前列,略高于北京和杭州等城市,低于上海和杭州等城市。考虑到收入—房价比,广州则具有明显优势。2005—2009年广州市年均净增人口约为20.94万人,规模低于北京(54.25万)和上海(35.75万),但远高于深圳(15.87万)和杭州(11.9万)[①];按照广州市2009年城市人均居住面积20.93 M^2 标准计算,每年新增人口形成400多万 M^2 住房需求,如果进一步剔除掉农村新增人口因素,则大约形成300万 M^2 住房需求。从商业地产市场来看,广州定位为"国际商贸中心"城市,商贸业将获得进一步发展,其将对商业地产构成较大需求。

从广州房地产市场需求结构来看,区域外需求比重趋于下降趋势。广州房地产业发展初期,商品房以外销为主,1993年外销比率占67%,到1996年则逐步下降到19%[②]。这表明,外销市场是广州房地产业快速发展的有力支撑。随着居民收入增长,广州本地居民成为本地住房需求的主力购买群体。根据《广州2009年房地产市场蓝皮书》公布的数据,在广州

---

① 数据来源:根据各城市近几年统计年鉴计算得出。
② 《全国建设市场信息》房地产专刊(1996年),第25页。

购房群体中,广州市居民占比 62.0%,广东省内广州市外居民占比 14.5%,广东省外居民占比 22.6%,港澳台和国外居民占比 0.9%。与北京和上海相比,广州房地产市场外来需求占比略低。据统计,2009 年北京市二手房购买群体中,本市居民占比 66.76%,外省市个人占比 31.43%,华侨、港澳台居民和外籍人士占比 0.79%,其他占比 1.03%[①]。

(2) 产业规模及结构分析

a. 产业规模

产业规模包括组织规模、资产规模和投资规模。产业组织规模主要指产业的企业数量规模和从业人员规模,产业组织规模反映了市场潜力、活跃程度及竞争程度。

广州房地产产业组织规模大,具有企业数量多、从业人员规模庞大等特征。从企业数量规模来看,2008 年广州房地产业企业(法人单位)数量为 9825 家,低于北京和上海,但远远高于深圳和杭州,差距接近一倍。如果考虑行业增加值因素,每亿元增加值的企业数量广州约为 16 个,低于北京,高于上海、深圳和杭州等城市,这反映了广州房地产业企业活跃程度高。从就业人员规模来看,2008 年广州房地产业年末就业人员约为 23.59 万人,约为深圳的 2 倍和杭州的 3 倍,但比北京和上海约少 17.4 万、15.51 万人(见表 6-3)。

表 6-3 国内主要城市房地产企业数量及从业人员数量(2008 年)

	广州	北京	上海	深圳	杭州
企业数量(个)	9825	10955	11850	4991	3661
每亿元增加值的企业数量(个)	16.3	17.9	15.9	10.2	12.7
从业人员数量(万人)	23.59	40.99	39.1	11.99	7.55

数据来源:各城市统计年鉴(2009)及第二次经济普查公报。

---

① 数据来源:北京中原三级市场研究部。

广州房地产业资产规模和投资规模大，但是与国内城市差距较大，这种差距表现在：远低于北京和上海，同时又远高于深圳和杭州。房地产开发业是房地产业中比重较高的行业。以房地产开发行业资产额为例。2008年广州房地产开发业年末资产规模为6582.57亿元，约为北京的37%和上海的34%，但高于深圳近2000亿。投资规模与资产规模不同，资产规模是一个静态概念，而投资规模从动态上表现房地产业经营规模。房地产业投资主要集中在房地产开发领域。2008年广州房地产开发投资额约为763.40亿元，投资规模远低于北京和上海，约为后二者的40%和56%；与深圳、杭州等城市比较，广州则占较大优势（见表6-4）。

表6-4 国内主要城市房地产开发业资产规模及开发投资额（2008年）

	广州	北京	上海	深圳	杭州
年末资产额（亿元）	6582.57	17674.32	19537.00	4644.38	—
房地产开发投资额（亿元）	763.40	1908.70	1366.87	440.49	596.33

数据来源：各城市统计年鉴（2009）及第二次经济普查公报。

b. 产业结构

根据我国统计分类标准，房地产业分为房地产开发业、物业管理业、中介服务业和其他房地产业。根据国外发达国家房地产业发展经验，成熟的房地产业产业结构优化，房地产中介服务业和房地产金融租赁业在产业结构中占主体地位。我国房地产业发展处于初级阶段，房地产开发业是房地产业的主导和主体性产业。

经过三十多年发展，广州房地产业各行业取得长足的进步，产业结构逐步优化。与国内其他城市相比，广州市房地产中介服务业、物业服务业和其他房地产业发展迅速，在房地产行业中地位趋于上升。从企业行业分布来看，2008年广州房地产开发企业数量占房地产业企业总数14%，而北京和上海的该比重则接近1/3；广州房地产企业数量较多分布在房地产中介服务和房地产其他行业,这两个行业企业数量占房地产企业总数54%,而北京和上海企业主要集中在房地产开发和物业管理,这两个行业企业数量在房地产业中占比约为60%(见表6-5)。房地产企业的行业分布特征表明广州房地产业链逐步延长,企业努力寻求房地产增值服务和拓展性业务。

表6-5 广州、北京和上海房地产业企业行业分布

	房地产开发		物业管理		中介服务		其他	
	企业行业分布占比	主营业务收入构成	企业行业分布占比	主营业务收入构成	企业行业分布占比	主营业务收入构成	企业行业分布占比	主营业务收入构成
广州	14	70	32	16	17	4	37	10
北京	31	84	30	10	23	2	16	4
上海	33	87	27	6	30	3	10	4

数据来源:根据各城市第二次经济普查公报中2008年数据计算所得。

从房地产业主营业务收入构成来看,房地产开发业仍然是广州房地产业收入的主要增长点,2008年其在产业中所占比重为70%,与北京(84%)和上海(87%)相比,这个比重还是比较低。广州的一个亮点是房地产中介服务业和其他行业收入比重达到14%,而北京和上海分别为6%、7%。即便考虑绝对收入规模,广州这两个行业2008年主营业务收入规模超过北京,略低于上海。这表明,房地产中介服务业和房地产其他行业对房地产业增长贡献是不容忽视的,有利于优化产业结构,提升产业竞争力。

c. 产业集中度

房地产业集中度与产业竞争力相关性强。产业集中度高,龙头企业竞争实力强,规模化效应更加突出,产业竞争力就会有所提高。广州房地产业产业集中度较高。早在20世纪90年代中后期,广州房地产业集中度逐

步提高。1998—1999年广州房地产企业30强完成房地产投资占全市房地产投资的26.5%，商品房竣工面积占29.6%，销售面积占39.8%，经营收入占41.6%，完成利税的比重达到67.2%①。经过十年发展，广州房地产业集中度进一步提高。根据CRIC中国房地产决策咨询系统的统计数据，2009年，广州房地产企业前十强商品房销售金额约占全市40%；前十强企业商品房销售套数约占全市42.14%；前十强商品房销售面积约占全市35.62%。

(3) 产业自生能力

a. 创新力

由于市场垄断性等因素，房地产业缺乏创新的动力和压力。房地产业创新远远滞后于其他行业创新。近年来，随着房地产市场自由竞争度不断提高和房地产业跨区域发展，创新开始为房地产业重视，成为企业重点关注的对象之一。当前，房地产业创新经历了营销创新和管理创新，进入产品创新主导阶段。广州房地产业创新力居于国内同行前列。国内房地产业发展初期，广州东湖新村发展模式开创了国内商品房建设和管理新范例。此后，广州引进和吸收香港房地产业发展经验及模式，并加以创新，这种创新主要集中在房地产销售和管理方面。21世纪初，广州星河湾住宅项目开发创新推动了房地产开发业产品创新，国内各城市不断推出各类新理念指导下的住宅项目，创新逐渐从规划设计到建筑技术以及高技术建筑和装饰材料等，全面推进住宅产品创新。

目前，建设部关于住宅产品创新认证和评比的"国家康居住宅示范工程"项目，是国内相对权威的评价体系。经建设部认证通过的"国家康居住宅示范工程"中，北京有5个，上海有10个，广州有3个，深圳有2个。这表明，从规划设计、建筑材料和住宅产业成套技术等层面来看，广州房地产开发业创新落后于北京和上海。

---

① 张晓琴，广州房地产进入规模经营，广东建设报，2000年7月22日。

b. 融资能力

房地产业是资金密集型行业,具有资金投资规模大、资金占用期长等特征。在房地产业尤其是房地产开发行业,融资问题经常成为制约企业发展的瓶颈。因此,资金融通能力在一定程度上决定企业的生存和发展,影响到一个城市房地产业的发展。当前,我国房地产开发资金对银行贷款依赖程度较高,相当一部分资金是通过住房消费贷款、房地产开发贷款、建筑企业流动性贷款和土地储备贷款等方式直接或间接来自商业银行信贷。一旦国家实行从紧的货币政策,调控将对房地产企业经营的稳定性形成极大地冲击。从国内实际情况来看,2008年全国房地产开发业资金来源结构中,国内贷款约占19%,利用外资约占2%,自筹资金比重为39%,其他资金则为40%。相对于全国平均水平而言,上海、北京和广州等城市自筹资金比重相对较低,国内贷款比重和其他资金比重高。这表明,在这些城市房地产业的银行贷款融资环境相对优越。

表6-6 国内主要城市2008年房地产开发业融资结构(%)

资金来源占比 城市	自筹资金	国内贷款	利用外资	其他资金
全国	39	19	2	40
广州	23	21	2	54
北京	28	27	1	44
上海	28	26	3	43
深圳	25	31	0	44

数据来源:各城市统计年鉴(2009)。

与北京、上海和深圳等城市相比,广州房地产开发业融资结构具有三点特征:一是贷款在融资结构中比重相对较低,低于其他三个城市分别为5、6和10个百分点,这表明广州房地产开发业对银行贷款的依赖程度相对低;二是自筹资金比重相对较低,分别低于其他三个城市5、5和3个百分点,这表明广州房地产开发业利用外在资金程度较高;三是其他资金比重相对较高,分别高北京、上海和深圳等城市12、10和10个百分点,这表明广州房地产开发业筹资渠道丰富、筹资能力强。

近年来,房地产开发业逐渐意识到资本市场对于融资的重要性。房地产业企业逐渐加快了上市融资的步伐。按区域划分,北京和上海城市房地产业资本市场融资能力较强,广州稍弱,但高于深圳。根据上海易居房地产研究院研究报告①,2009年全国房地产上市公司50强中,北京有14家,上海有9家,广州有8家,深圳有6家。

(4) 产业经营效益

a. 劳动产出率

劳动产出率是评价劳动生产效率的重要指标之一。在这里使用主营业务收入与就业人数的比率来表示房地产业劳动生产效率状况,采取的数据来源于各城市统计年鉴(2009)和全国第二次经济普查统计报告。经过计算与比较,可以发现,广州市房地产业劳动产出率较低,与北京、上海、深圳和杭州等城市差距较大。2008年广州房地产业人均劳动产出为51.7万元,而上海与深圳约为广州的1.6倍,杭州是广州的2倍多(见表6-7)。分行业来看,广州房地产开发业的劳动产出率尚未居末位。与北京相比,广州略占优势;但是与上海及杭州相比,广州的差距又十分明显。总的来看,广州房地产业劳动产出率较低。

表6-7 2008年国内主要城市房地产业及其开发业劳动产出率

指标\城市	广州	北京	上海	深圳	杭州
房地产业劳动产出率(万元/人)	51.7	59.9	81.5	80.5	111.5
房地产开发行业劳动产出率(万元/人)	224	209	290	—	316

① 上海易居房地产研究院,2010年中国房地产上市公司测评研究报告。

| 房地产开发行业资本产出率 | 0.22 | 0.15 | 0.36 | 0.3 | 0.24 |

数据来源：根据各城市第二次经济普查公报中2008年数据计算所得。

b、资本产出率

资本产出率是评价资本利用效率的重要指标之一。对于资金密集型的房地产开发业而言，资本产出效率特别重要。资金风险和资金占用成本要求相对高的资本利润收益。考虑数据资料的获得性等因素，本文使用"营业利润/投资额"指标来评价房地产开发行业的资本产出率。由于房地产开发行业是房地产业的主要行业，因此该行业的资本产出率对于评估整个房地产业的资本产出率具有参考意义。经过计算与比较[①]发现，广州房地产开发业的资本产出率较低，每1元的房地产开发投资额每年能提供的利润额约为0.22元，略高于北京（0.15），但低于上海（0.36）、深圳（0.3）和杭州（0.24）。这表明，广州房地产开发业的资本投资回报率在国内城市中居于较低的水平。

（四）广州房地产业竞争力综合评价及建议

综合以上分析，可以得出一个总体结论：广州房地产业在国内具有较强的竞争力，综合竞争实力居国内前列；与北京、上海等城市相比，广州房地产业竞争力具有差别性竞争优势，这种差别性竞争优势主要表现在产业结构、创新和融资渠道等方面。

下面进一步讨论广州房地产业竞争力持续发展问题。

第一，广州房地产市场容量制约房地产业规模化增长。珠三角区域城市林立，公共服务体系发展相对完善，居住生态环境良好，就业和生活都比较方便，这导致广州市对周边居民缺乏足够的吸引力到广州购房置业。与北京、上海大规模的人口及资金流入相比，广州市场容量增长缓慢。因

---

① 数据来源：各城市统计年鉴（2009）和全国第二次经济普查报告。

此,广州房地产业要保持快速增长,必须走出广州市场,积极拓展国内市场。

第二,优化的产业结构将成为广州房地产业潜在竞争优势。当前,国内城市房地产业结构中,房地产开发业及其关联的物业管理业占绝对优势,其他房地产业发展比较缓慢。从国外实践经验来看,房地产中介、房地产融资租赁等行业是房地产业未来发展方向。因此,广州要领先国内其他城市,着力扶持这些产业发展,培育新的产业优势。

第三,适当引导房地产业集中,扶持重点房地产企业做大做强。广州房地产开发业产业集中度高,形成一批在国内市场具有较高知名度和竞争实力的房地产开发企业。龙头企业有利于发挥产业的规模化效应。今后逐步引导房地产其他行业适当集中,培育一批龙头企业,推动这些企业积极拓展区外市场。

第四,加快广州房地产业产品创新。创新一度是广州房地产业优势,营销创新、管理模式创新、产品概念创新等较早出现在广州。目前国内房地产业进入了产品创新阶段,上海、北京等城市房地产产品创新较为活跃,成为其他城市典范。广州要加强在"绿色建筑"和生态住宅项目创新,实现房地产领域新的突破。

三、商贸业

在市场经济日益发达的今天,商贸业对促进消费、推动制造业升级和推动城市化进程等方面发挥着越来越重要的作用。综观国际大都市的发展历程,商贸服务是中心城市早期的主导功能之一,也是工业化时期一个城市必不可少的重要功能之一。在后工业化阶段,金融中心功能未充分发育起来之前,这些城市都无一例外是一个较大区域的商贸中心。

第六章 广州现代服务业重点行业竞争力

下面，本书重点以五大国家中心城市为例，同时结合国内几个商业"标杆城市"和较大区域商贸中心，如深圳、武汉等，对广州商贸竞争力进行比较和分析，其评估结果表明：

（一）商贸规模竞争力处于国内主要城市第一集团

被誉为"千年商都"的广州，无论从总体商贸销售规模、分项的批发、零售总额规模，还是创造的增加值看，广州均与北京、上海同处第一集团，领先于天津、重庆、深圳和武汉等市。一般而言，作为区域乃至全国的商贸中心，其商贸业（包括批发零售和住宿餐饮）增加值应占到城市GDP的10%以上，而广州的这一指标已达15.18%，成为国民经济的重要支柱产业（见表6-8），体现出商都风采和较强的规模竞争实力。与其全国性商业中心地位相适应，广州也成为国内新型商业和消费模式持续创新的引领者，不仅最早酝酿了超市的早期形态——自选商场，而且也是仓储式商场、连锁便利店、大型 Shopping Mall 等新型业态的引领地。而近期，广州在电子商务、物流配送、网上购物等新兴流通或消费模式上也开始普及，目前，广州的网上购物和刷卡消费规模已居国内第一，无愧是国内最知名的商业中心城市。

表6-8　中国主要城市商贸规模比较（2009）

指标＼城市	北京	上海	广州	天津	重庆	深圳	武汉
批发零售业商品销售总额（亿元）	27854	31974	15174	10679	6039	6387	4480
社会消费品零售总额（亿元）	5310	5173	3648	2431	2479	2599	2164
商贸业*增加值（亿元）	1787.5	2422.21	1387.3244	971.84	656.88	1021	605.98

| 商贸业增加值占GDP比重（%） | 14.71 | 16.10 | 15.18 | 12.96 | 10.06 | 12.45 | 13.29 |

注：此处商贸业包括批发零售和住宿餐饮

数据来源：各城市2009年统计公报和2010年统计年鉴。

（二）商贸结构层级竞争力偏弱

尽管广州商贸业的经济总量不小，但其在功能结构层级上的表现却不尽如人意。主要表现在：第一，产业组织结构偏小，缺乏大型龙头企业或市场的有力支撑。在A股上市的商贸类公司（见表6－9），广州仅3家，除了与北京上海差距较大外，也不如深圳、武汉和南京。相反，广州的小士多、小食店等为代表的低层次商业异常发达，虽给市民生活带来了一定的便利，但商品的质量参差不齐，不便于管理，还会对高端商业投资形成一定排斥，不利于整个行业服务水平和竞争力的提高。第二，现代经营方式和新型业态的普及率不高。作为全国最具开放度的大都市，广州往往是最新商业潮流、流通方式和新型业态的先锋城市，但最后在商业新业态、新业制、新模式的普及推广方面却大多落在了许多后起城市的后面，综合超市、连锁商业、电子商务、网络购物、物流配送等新型业态均发展不足，如广州的商业连锁经营率仅为30%左右，始终低于北京、上海、深圳等一线城市，在电子商务领域，北京占据了B2C一半以上的市场份额，杭州占据了B2B和C2C市场的绝对主导地位，广州电子商务的发展仍相去甚远；此外，在批发市场建设上主要以传统"三现"、个体商户、临时建筑性质为主，与义乌等地以商业地产、电子商务、展贸一体、总部经济为支撑的现代高端批发市场业态办无法相提并论。第三，市场仍以中端和低端消费占主导，高端品牌的缺乏导致部分高端客户的流失。曾经，广州人务实的消费习惯，高端商业物业的缺失，以及临近香港（由于香港奢侈品林立，加上进口关税的原因，部分进口品牌商品价格比大陆低20%～50%，吸引广州的消费者去香港购买),使得国际品牌在进入广州市场更加谨慎,以致于广州在国际品牌的引进方面远远落后于北京、上海,甚至也不如沈阳、成都、杭州、深圳、青岛、天津等市(见表6-9),与其构建的国际商贸中心的地位极不相称。第四,空间布局不合理。从批发市场的布局情况看,一般而言,批发市场应主要布局在高速路道口、枢纽车站、货运码头以及城市主干道沿线等地区,而这些地段一般位于中心城市的中圈层或外圈层。然而,据了解,广州批发市场有44.9%[1]分布在老城区,由于用地受限、租金高,没法继续扩建更细化的市场,从而影响其品牌扩张。此外交通、消防、卫生、环保等因素的制约,有些专业市场甚至越来越难以在老市区立足。

表6-9 国内主要城市商贸结构比较

城市 指标	北京	上海	广州	天津	重庆	深圳	武汉	南京
A股上市商贸类公司数(家)(2011年6月)	10	9	3	1	2	6	5	4
拥有全国零售百强数(家)(2010)	16	15	4	1	2	7	3	7
拥有批发市场百强数(家)(2008)	3	8	3	1	3	2	0	2

数据来源:A股上市商贸类公司数根据广发证券提供的资料统计所得;拥有全国零售百强数根据中国商业联合会和中华全国商业信息中心发布的《2010年中国零售百强榜》统计所得;拥有全国批发市场百强数根据《2008中国商品交易市场百强》统计所得。

---

[1] 陈纯丽,中国经营报,2008年5月21日。

表6-10 2009年国内主要城市奢侈品牌进驻情况表

城市 \ 指标	16领先奢侈品专卖店数量（家）	16领先奢侈品品牌进驻率（%）	100奢侈品专卖店数量（家）	100奢侈品品牌进驻率（%）
北京	59	100	288	93
上海	33	100	203	87
沈阳	16	69	66	45
成都	15	75	53	40
杭州	13	69	50	45
深圳	14	56	61	42
青岛	14	56	37	32
天津	12	63	43	35
广州	11	56	47	35
大连	9	44	40	33
南京	8	50	36	32
武汉	8	44	36	26

数据来源：意国时尚管理咨询（北京）有限公司与《中国新闻周刊》发布的"意国时尚2009中国16大奢侈品城市排名报告"。

（三）批发业竞争力较强，零售业竞争力较弱

依托周边工业集群的优势，广州各种批发市场在传统的农贸、集贸市场基础上自发形成，在不断地升级改造中发展起来，形成一批以专业市场为主，综合市场为辅，门类较为齐全、各具特色的商品交易市场体系。据不完全统计，广州共有大中小型各类专业批发市场超500家[①]，如广州的

---

① 新浪网，广东新闻中心 http：//gd.news.sina.com.cn/news/2011/06/17/1148323.html。

第六章 广州现代服务业重点行业竞争力

服装批发,一德路的海味市场、玩具市场等,而其中已经形成了专业市场商圈的,包括中大布匹市场商圈、永富路汽配商圈、流花服装皮具商圈、天河IT商圈等,多数均具有形成所谓"广州价格"的领导地位,成为全国乃至全球制造业最重要的流通平台。在2008年"中国商品交易市场百强"榜单中(见表6-9),广州有3个市场入围,在国内主要城市中仅次于上海居第二位,这与广州零售在全国百强中的地位形成了鲜明对比。此外,据统计,2006年广州市年交易额亿元以上的商品交易市场达到99个,而同期北京、上海等分别只有80个和51个,规模以上市场不输国内先进城市。

改革开放30多年来,广州的零售业一直走在全国前列。广州是最新商业潮流、流通方式和新型业态的先锋城市;诞生了中国第一个真正意义上的购物中心,享有"中国第一商城"美誉的天河城广场。但广州零售业竞争力有衰退迹象,"全国零售百强企业榜"中,广州仅4家(见表6-9),是北京、上海的约1/4,也明显低于深圳、南京等二线商业城市,与其作为一线商业城市的地位不相称。而在公司规模上,截至2011年3月31日,广州的两家零售龙头,广百股份和广州友谊总资产分别为36.27亿元和28.57亿元,与位列第一的上海百联股份(总资产150.54亿元)和第三的北京的王府井(总资产84.92亿元)仍相去甚远①。此外,企业同质化现象比比皆是,行业内竞争激烈,如天河城广场与正佳广场同处天河商圈,但在档次、定位和商品组合上并无明显差别,存在70%的商品品牌重复,自从2007年前正佳广场走向成熟后,天河城高增长期就已经结束了②。加上万菱汇和太古汇的开业,天河商圈的竞争将更加激烈。

(四)批发业辐射力较强,零售业辐射力较弱

作为中国历史最悠久的大型商业城市,广州有着迄今五十余年历史,

---

① 来源于广发证券的上市企业数据。
② 大洋网-信息时报2010年8月18日。

目前中国与世界各国贸易交流最高级别的综合性国际贸易盛会——"广交会"（中国进出口商品交易会）。"广交会"已成为广州一张耀眼的名片，大大提高了广州国际商都的影响力和知名度，有效地吸聚各类高端商流汇聚广州。第109届（2011年春季）广交会吸引了来自209个国家和地区的采购商20.7万人，出口成交额达368.6亿美元[①]，是中国目前历史最长、层次最高、规模最大、商品种类最全、到会客商最多、成交效果最好的综合性国际贸易盛会。然而也应注意到，进入21世纪以来，随着各省市跨省跨国商品交易会的兴起，电子商务等新兴交易方式的发展，尽管"广交会"的规模仍在扩大，但其品牌的影响力有下降的趋势。

其次，不断兴起的大宗商品交易中心加速推动"广州价格"的形成。2005年9月，国内首家塑料交易所——广东塑料交易所正式成立，其发布的"广塑指数"作为我国第一个由交易所发布的塑料原料商品指数，确立了塑料行业的"广州价格"，已成为我国塑料原材料的价格风向标。目前，广东塑料交易所信息注册用户超过30万家[②]，覆盖全国，并在印度、迪拜和美国设立登陆站。此后，随着广州华南金属材料交易中心、广州华南粮食交易中心、广州华南煤炭交易中心、广州华南石化交易中心和广州钻汇珠宝交易中心的陆续成立，"广州价格"在全国的影响力越来越大。目前，广州众多批发市场影响力大，辐射全国，包括塑料、金属、燃油、音像、茶叶等在内的15种产品的定价权已经形成，并正在打造包括化工、钢材、粮食等大宗商品在内的更多的"广州价格"。发达的批发商业极大地提高了广州商业辐射力。作为商业辐射力的重要指标，目前，广州批发零售比值高达4以上（见表6-11），明显高于深圳、武汉等二线城市，表明广州商品批发流转量大大超出城市本身消费量3倍以上。

---

① 来自中国进出口商品交易会官方网站相关资料。
② 广东塑料交易所网站的《广东塑料交易所简介》，http：//www.gdpe.cn/jiaoyishuo/jys_pd.jsp。

表 6-11 国内主要城市批发零售比（2009）

指标＼城市	北京	上海	广州	天津	重庆	深圳	武汉
批发零售比	5.72	5.32	4.08	4.6	2.51	2.05	4.22

数据来源：各城市 2009 年统计公报和 2010 年统计年鉴。批发零售比是指批发零售业商品销售总额中批发额与零售额的比值，是体现商业辐射力的重要指标。

而零售业方面，由于其业态的特性，使其面对的客户群体受地理范围的影响较大，因而连锁经营、开分店等形式成为很多零售企业扩张市场的重要手段之一。其中以南京的苏宁电器集团和北京的国美电器有限公司两家电器零售巨头最为典型，过千家的分店遍布全国各大省市。相比而言，广州的零售业的扩张步伐还相对缓慢，以广州的零售龙头企业广百股份有限公司为例，目前广百股份有限公司共有 22 家门店，而其中 13 家设在广州，7 家设在广东省其他城市，2 家设在省外其他城市[①]；其主营业务收入 9 成来自本市，其余的又以省内为主，省外部分主营业务收入还不到 1 个百分点[②]。总的来看，广州的商业与其他国内主要城市相比，其分散、个体化的特征更为显著，市场主体中私营企业的比重达 84.2%[③]，较小规模一定程度上限制了企业市场的扩张和对外的辐射力及影响力。

（五）"广式服务"走在全国前列

软环境是相对硬环境而言的一个概念，它是指物质条件以外的诸如政策、文化、制度、法律、思想观念等外部因素和条件的总和[④]。商业软环境就是相对于地理条件、资源状况、基础设施、基础条件等"硬件"而言

---

① 数据资料来自广州市广百股份有限公司网站的门店概况，http://www.grandbuy.com.cn/lxwm/。
② 数据资料来自广百股份有限公司 2010 年经营分析。
③ 根据《广州市统计年鉴 2010》相关数据计算所得。
④ 百度百科网的软环境词条 http://baike.baidu.com/view/98580.htm。

的思想观念、文化氛围、体制机制、政策法规及政府行政能力水平和态度等。包括商家服务态度、购物环境、政府的监督规范、投诉处理机制等。与过去不一样,消费者购物时不但注重商品本身,还注重于享受购物的过程,因而对购物软环境的要求也逐步提升。一个良好的软环境能对商贸业产生强大的推动效应。

对比国内主要城市的商贸业软环境,广州处在改革开放的前沿,受西方文化的影响,是国内最早注重"商贸软环境"的城市之一。二十世纪八九十年代,广州的餐饮服务质量领先全国,其餐饮业龙头广州酒家对员工推行的标准为"三勤",即"勤跑、勤开口、勤换"① 一度成为当时全国各地争相模仿的典范,广州酒家录影制作的关于餐饮服务的录像带被国家商务部确定为样本在全国推广,从此打响了"广式服务"的牌子。二十一世纪的今天,广州成功举办亚运会后,其城市形象和经商环境均有了更大的提升,顾客普遍感觉到"广式服务"始终走在全国前列。但还应注意到,"广式服务"与香港和发达国家的服务水平还有一定差距。其次,行业内存在参差不齐的情况,如一些大型超市、购物中心等为顾客提供上乘的服务,但以小士多、小食店和随街摆卖的小商贩等为代表的低层次商业,其服务质量和经营环境却很难提升。此外,广州和全国其他主要城市同样存在投诉处理机制尚不完善的问题,顾客的利益难以得到保障。

【小结】

作为千年商都、岭南重镇,广州商贸业竞争力总体上较强,处于国内城市"第一集团"。其中批发功能优势突出,其形成的"广州价格"在全国乃至东南亚均有一定的影响力;此外,"广式服务"也在全国处于领先地位。但广州商贸业从功能层级看却不具竞争优势,主要表现为产业组织

---

① 餐饮业上菜有"跑梯"一说,"勤跑"也就很容易理解了;"勤开口"是指服务员要主动问客人需要什么,而不是等人叫;"勤换"则是要求碗盘骨碟更换及时,酒杯、茶杯、饮料杯在席间不能空。

结构偏小，缺乏大型龙头企业或市场的有力支撑；现代经营方式和新型业态的普及率不高；缺乏高端国际品牌；市场空间分布欠合理。未来，广州必须在龙头企业的培育、现代经营方式的普及、商业软实力的提升和本土商业力量的扶植上进一步突破。

四、现代物流业

国外有关城市物流行业竞争力研究成果比较少。国内虽然对城市物流的研究近年来日益增加，但主要集中于城市物流系统规划以及制定城市物流发展的产业政策，而以城市为主体的物流业竞争力研究文献比较稀缺。宋则、张弘（2003）[①] 建立的中国流通现代化评价指标体系，但这种指标体系基本上只适用于企业层次的评价。姚建华[②]（2006）对全国31个省级区域物流产业竞争力指数进行了测算，其三级指标体系涵盖基础施设水平、产业基础水平、产业竞争潜力和产业经营效率等方面。邵万清[③]（2006）从物流产业的规模、效益、结构、资源和潜力等五个方面共17项指标，并运用主成分分析法建立物流产业的评价模型。袁敏[④]（2009）认为城市物流的竞争力主要由物流需求规模、供给状况、企业发展水平、信息业发展水平和城市所处的宏观环境等五项基本要素组成。

本章基于如何评估中心城市的现代服务业竞争力这一极具现实意义

[①] 宋则，张弘．建立中国流通现代化评价指标体系的初步设想 [J]．中国经贸导刊，2003（10）：32－33。

[②] 姚建华．物流产业竞争力评价指标体系研究 [J]．商业经济文荟，2006（01）：20－23。

[③] 邵万清．物流产业评价指标与方法的探讨 [J]．物流科技，2006（11）。

[④] 袁敏．城市物流竞争力评价研究 [D]．重庆交通大学硕士学位论文，2009年。

的问题,将结合国内外城市现代物流业竞争力比较研究的理论知识及实践经验,构建能够反映中心城市现代物流业竞争力规模、结构、效率和辐射力等四大类指标,选取京津沪穗渝五大国家中心城市和经济快速增长、物流交通相对发达的深圳、苏州和武汉共8个城市进行实证比较研究。

(一) 产业规模比较

物流基础要素及物流行业规模是支撑和发挥城市物流业竞争力的基础。显然,城市及周边腹地的经济实力和水平,构成了城市物流竞争力至关重要的源泉——城市物流需求市场,这也是很多文献将其列入城市物流业竞争力评价指标体系的主要原因。但本书认为,城市本身的经济实力和发展水平只是城市物流竞争力强弱的一个间接因素,将其纳入城市物流业竞争力评价指标体系,很可能夸大该城市物流业竞争能力。城市基础设施的完备程度是体现物流业规模竞争力的重要因素,其中,最重要的是交通、商务和信息等三大设施,这些设施为城市物流业的发展提供了必要条件。其次,本文发现,流量经济规模也构成城市物流竞争力的一个重要基础。基于以上分析,作为城市物流规模竞争力的基本影响因素,从产业增加值规模、城市机场、港口、高速公路和高速铁路等基础设施及其流量规模等几个方面加以考察。

(1) 城市现代物流业发展的基础设施规模

根据国家发改委2007年编制的《综合交通网中长期发展规划》,北京、上海、广州、武汉是四大国家交通枢纽城市;重庆、成都、西安是我国西部地区交通枢纽城市。从表6-12可以看出,广州与北京、重庆拥有的国家高速公路联通条数各有8条,位居全国首位;天津、武汉为我国陆路交通重要城市。

第六章 广州现代服务业重点行业竞争力

表6–12 国内城市的物流基础设施规模比较（2009年）

指标＼城市	北京	上海	广州	天津	重庆	武汉	深圳	苏州
国家高速公路①（条）	8	6	8	7	8	7	5	3
铁路客运线路（条）	676	380	494	331	143	244	244	161
高铁线路条数②	7	4	5	5	6	6	2	2
万吨级泊位（个）	0	171	59	55	0	0	57	0
机场跑道长度（m）	10800	11200	7400	6900	6800	3400	3400	0

数据来源：国家高速公路和国家高铁线路条数是笔者根据国家"十二五"规划附图计算得到；铁路客运线路条数根据火车网提供的信息计算得到；万吨级泊位数和机场跑道长度来源于百度百科搜索。

在铁路的对外物流投射能力方面，选用"铁路客运线路条数"指标来衡量。随着国家高速铁路客运专线的建成，现有的客运线路条数很多容易转化为现实的物流投射能力。由表6–12可以看出，广州在铁路方面的运输能力仅次于北京、沈阳，居全国第三位。值得注意的是，国家高速铁路网络建设将极大地改变这种城市物流投射能力。可以预见的是，随着国家高铁网络的建成和运营，传统铁路将逐步淡出客运领域，其现有客运能力将更多地转化为物流投射能力。虽然从客运线路条数来看，广州落后于沈阳，但广州铁路客运量却远大于沈阳。其次，由于客流的时段性，在不久的将来，通过高铁客运专线运送高附加值的高速货运列车也将投入运营。高铁投射能力十分惊人，武广高铁在春运期间运量相当于每分钟起降3架飞机的能力。广州地区高铁全部建成运营后，高峰运能相当于每分钟起降12架飞机的能力，相当于12个广州新白云国际机场的运能。

---

① 参见中华人民共和国国民经济和社会发展第十二个五年规划纲要．北京：人民出版社，2011年3月第1版：第41页。

② 参见中华人民共和国国民经济和社会发展第十二个五年规划纲要．北京：人民出版社，2011年3月第1版：第40页。

从各城市所拥有的万吨级泊位数量来看，广州、天津和深圳虽然处于同一数量级水平，但天津港区在土地、规划、人才等方面优于广州；深圳则拥有优良的深水港口和上市优势。其次，上海港口所拥有的万吨级泊位数量是广州、天津和深圳三市之和。从机场跑道长度来看，广州仅落后于上海和北京两市，居全国第三位。

（2）城市现代物流产业及流量规模

从城市交通运输业增加值方面看（表6-13），京沪穗深四市居全国第一队列，青岛、沈阳、大连、苏州和天津五市居全国第二队列，重庆、武汉、郑州、南京、宁波和成都六市居全国第三队列。西安虽然在中国西北地区位居第一，但其经济实力短期内难以支撑其成为具有全国影响力的物流中心城市。杭州由于受上海、宁波和苏州的制约，也难成为国家物流中心城市。

从全社会货运量来看，上海、重庆分居全国前两位，广州居第三位。主要原因是重庆市域面积8.24万平方公里，是广州7263平方公里11.3倍；北京虽然具备强大的物流投射能力，但基本上以客运为主，而主要由天津承担货运功能。

表6-13　国内城市的物流产业及流量规模比较（2009年）

城市 指标	北京	上海	广州	天津	重庆	武汉	深圳	苏州
交通运输、仓储和邮政业增加值（亿元）	556.6	635.01	645.65	471.01	347.98	230.66	309.18	228.22
交通运输、仓储和邮政业从业人员数（万人）①	47.68	55.56	33.72	34.97	45.13	21.337	20.354	11.617
全社会货运量（万吨）	22017	76967	52525	43554	68491	34409	22367	10820

数据来源：数据来源于各城市2009年的统计公报。

---

① 行业从业人员数是按照服务业平均产值占比进行估计得到。

(二) 产业结构水平比较

在行业规模相等的情况下，行业竞争力的强弱就主要决定于行业结构水平。行业竞争力的形成，首先取决于产业发展水平，由此，产业结构是构成行业结构竞争力的一个重要方面，那些拥有大型物流企业的城市，其物流竞争力无疑将更为强大，辐射半径也更长、更广；其次，时效性是物流行业的生命，那些拥有强大的特快专递能力的城市，往往可以调度更多的资源，提供更多专业化物流服务。此外，综合保税物流在某种程度上也代表着一种更加优化的物流行业结构，因为，一个城市若能同时提供集生产、仓储加工和出口于一体的综合保税物流，该城市的物流竞争力无疑更强。综上所述，城市物流业结构竞争力可主要从全国物流企业100强、特快专递总量和保税物流等三个指标予以考察。

中国物流100强企业大都拥有或整合必要的运输工具和仓储设施，以提供全程物流服务。自2004年以来，由中国物流百强评选组织委员会组织的中国物流百强企业评选活动已成功举办了五届。本书将2008－2009年评选结果按所比较的城市汇总如表所示。从表6－14中可以看出，2008－2009年广州拥有物流百强企业数落后于北京、上海、深圳和厦门，居全国第五位。2008年，广州物流百强企业在全国平均排名41位，落后于北京和青岛，但较深圳和上海靠前，表明广州百强物流企业拥有较强的竞争力。从全国范围来看，国内城市物流百强主要分布在东部区域，中西部城市物流百强企业数量少且排名靠后；京沪穗深拥有强大的物流需求，对百强物流企业的成长非常有利；山东和福建的城市依赖港口发展物流已经取得较强的优势地位。

表6-14 国内城市物流百强企业数比较（2008-2009年）

指标　　城市	2009年企业百强（家）	2008年企业百强（家）	2008年企业全国平均排名	2008-2009年物流百强数城市排名
北京	14	21	29.6	1
上海	8	12	42.3	2
广州	4	8	41.1	5
天津	2	4	59.5	10
重庆	1	2	50.5	11
武汉	1	1	69	13
深圳	6	7	41.7	3
杭州	2	1	98	12
苏州	-	-	-	14
济南	5	4	66.5	7
青岛	5	4	38.5	8
厦门	7	6	59.3	4
福州	6	2	83.5	9

数据来源：中国物流百强企业网（http://www.56top100.com）。

从特快专递等高附加值物流竞争能力来看（表6-15），广州2010年仅落后于上海和北京，位居全国第三，且将以前对广州有较强挑战能力的深圳、重庆和天津等城市的距离拉开。近年来，广州市政府不遗余力地推进以广州白云新国际机场为核心的广州空港保税物流中心项目建设，通过打造完整的广州空港国际物流的发展架构，以带动周边地区高新技术产业的形成和发展，吸引了众多大型国际物流企业入驻，将空港物流园发展成区域性的国际采购中心、国际配送中心和国际分销中心，构建空中地面联网的全方位物流供应体系，有力地促进广州进出口贸易和中国南方航空公司国际航空货运的发展，推动了广州现代物流乃至泛珠三角地区航空物流业的蓬勃发展。

表6-15 国内城市的特快专递总量比较（2008-2010年）

指标＼城市	北京	上海	广州	天津	重庆	武汉	深圳	杭州	苏州
2010年特快专递量（万件）	2982	3843①	2784.18	1624	2243	845	2212	1330	1338
2009年特快专递量（万件）	3072	4101.9	1994.39	1289	2240	666	1824	1191	1371
2008年特快专递量（万件）	2988	3387	1675	2066	1608	385	1650	890	925

数据来源：各城市（2008-2010年）统计公报。

保税港区是指经国务院批准，设立在国家对外开放的口岸港区和与之相连的特定区域内，具有口岸、物流、加工等功能的海关特殊监管区域。保税港区的功能具体包括仓储物流，对外贸易，国际采购、分销和配送，国际中转，检测和售后服务维修，商品展示，研发、加工、制造，港口作业等9项功能。保税港区叠加了保税区和出口加工区税收和外汇政策，在区位、功能和政策上优势更明显。保税区与境内的其他地区（简称非保税区）之间，设置符合海关监管要求的隔离设施。我国现有的保税区包括大连、天津、青岛、张家港、上海、宁波、福州、厦门、汕头、广州、珠海、深圳（盐田、福田、沙头角）、海口等15个保税区（表6-16）。

表6-16 我国保税港区规模

序号	批复时间	名称	面积（KM²）	备注
1	2005.06.22	上海洋山保税港区	8.14	中国第一个保税港区

---

① 根据2010年邮政业务总量（68.6亿元）与2009年邮政业务总量（64.27亿元）线性比值推算得到。天津与重庆2010年数据亦为估算值。

2	2006.08.31	天津东疆保税港区	10	
3	2006.08.31	大连大窑湾保税港区	6.88	
4	2007.09.24	大连大窑湾保税港区	9.21	
5	2007.09.24	海南洋浦保税港区	9.20	
6	2008.02.24	宁波梅山保税港区	7.7	
7	2008.05.29	广西钦州保税港区	10	
8	2008.06.05	厦门海沧保税港区	9.51	
9	2008.09.07	青岛前湾保税港区	9.72	
10	2008.10.18	深圳前海湾保税港区	3.71	
11	2008.10.18	广州南沙保税港区	7.06	
12	2008.11.12	重庆两路寸滩保税港区	8.37	第一个内陆保税港区，第一个"水空"保税港区
13	2008.11.18	张家港保税港区	4.1	江苏首个县域保税港区
14	2009.09.22	烟台保税港区	7.26	全国首家以出口加工和临近港口整合转型港区
15	2010.05.18	福州保税港区	9.20	

数据来源：百度百科（http://baike.baidu.com/view/401551.htm）。

（三）产业效率比较

城市现代物流行业竞争力的强弱在很大程度上取决于城市物流的方式和效率，而城市物流效率差异的背后，主要是一个地区的体制、政策、人文精神、法制和行政等制度、文化因素影响的结果，但制度、文化的优劣一般难以量化，本文选择从两个方面衡量城市物流效率：一是物流产业运作效率。主要包括劳动生产率、投资产出率等指标，由于城市物流主要是由交通运输、仓储和邮政业来承担和体现的，所以本文用行业增加值除以行业从业人员来表征城市物流效率。二是城市拥有民营物流30强企业个数。对一个城市而言，民营物流企业数量和规模既是一个城市物流活力的象征，更是该城市物流效率的象征。从行业劳动生产率来看，广州仅次于杭州，强于深圳和天津等城市。从民营物流企业全国 30 强个数来看，广州拥有 4 家，居全国前列（表 6-17）。

表 6-17 国内城市物流效率比较（2009 年）

城市 指标	北京	上海	广州	天津	重庆	武汉	深圳	杭州	苏州
物流业人均生产率（万元/人）	11.67	11.43	19.15	13.47	7.71	10.81	15.19	19.65	11.67
民营物流企业 30 强（家）	3	3	4	2	1	0	3	0	0

数据来源：民营物流企业 30 强数据来源于中国物流百强企业网（http://www.56top100.com）。

业界普遍认为，中国物流成本偏高是由于中国物流管理水平较低，通过提升物流管理水平，可以逐步使物流成本占 GDP 的比重下降到 10% 左右的水平。而物流公司则可以通过提升服务水平，帮助企业降低物流成本，从而提升企业效率。本书认为，中国物流成本占 GDP 比重偏高，主要是由于中国产业结构决定的，除非中国的产业结构发生根本性变化，否则物流成本比例不会降低到发达国家的水平；由于不同城市的经济结构、产业发展水平存在差距，因此，反映在社会物流成本占 GDP 的比重上也有所不同；只要市场不存在垄断，任何成本都是有效率的。所以，本章并不选用不同城市社会物流成本占 GDP 比重这一指标来衡量不同城市的物流效率。

（四）产业辐射力比较

对外辐射能力的强弱在很大程度上能够体现城市现代物流业竞争力。本书将使用货物周转量、港口吞吐量和航空货邮吞吐量三个指标来作比较研究。

在货物周转量方面，上海雄居港口货物吞吐量首位，天津、广州分列第二和第三位，重庆约为广州的三分之一，北京则由于缺乏港口而居末位，但同时造就了天津港口强大的实力。广州与天津在物流辐射力上存在明显差距，总量约为天津的五分之一，究其原因：其一是天津港口辐射范围广，近至华北地区，远至西北乃至新疆，天津港70%以上进出口货源来自北京、河北、山西和内蒙古等地区，而广州港辐射力主要局限于狭小的华南一隅，且同时还有港、深两个世界级港口的竞争；其二，与邻近的香港、深圳等港口相比，在国际远洋运输中，广州港更多的承担支线港、喂给港的角色，运输线路较短，而天津作为始发港，在货物吞吐量基本相同的情况下，天津港的周转量自然较广州为多；其三，华北是中国钢铁和石化产业的重心，天津港还是中国最忙碌的矿石码头之一，每年仅从澳大利亚、巴西、印度进口的铁矿石就高达2500万吨，每年完成煤炭吞吐量都在3000万吨以上，原油和成品油接卸能力已达500万吨，而广州大型钢铁、石化项目相继被取消；其四，广州港口国际航线数配置偏少，每月国际班轮数仅约为天津的五分之一。广州在货运周转量方面还落后于南京和武汉，其原因主要是南京和武汉的重化工业程度远高于广州，而广州是一个以轻工业产品为主的城市，对能源、矿产等原材料的需求远比南京和武汉等城市少；此外，武汉地处九省通衢的位置要冲，南京亦有通江达海之便利，两市物流发展基础条件也十分优越。

上海航空货邮吞吐量接近300万吨，北京约为上海的一半，广州也接近100万吨大关，上海、北京和广州航空货邮吞吐量占全国比重都超过10%，其中上海更是约占全国三分之一，占有绝对优势地位；重庆在2009年超越天津，但规模只有广州的五分之一。2009年广州的货邮吞吐量同比增长率居全国第一，表明广州全国航空货运港地位进一步巩固，特别是联邦快递亚太中心落户，为广州成为国际航空物流中心奠定了基础。因此，京沪穗在一定时期内将无可争议地成为国内航空物流枢纽城市，其他城市在短期内很难撼动这种三足鼎立的局面。

第六章 广州现代服务业重点行业竞争力

表6–18 国内主要城市物流辐射竞争力比较（2009年）

城市 \ 指标	货物周转量（亿吨公里）	港口吞吐量（万吨）	机场货邮吞吐量（万吨）
北京	441	0	98
上海	14436	37983	298
深圳	1137	19365	61
广州	2176	37549	96
天津	10102	38111	17
重庆	1644	8612	19
杭州	245	7604	13
成都	1527	0	38
南京	2820	12932	19
武汉	2385	8657	10
西安	477	0	13

数据来源：各城市的统计公报（2009年）或统计年鉴（2010年）。

由于货物周转量是以始发站为基准计算的，因此广州、北京、杭州和西安等客运能力较强的城市相对而言其辐射能力较弱。但不能忽视这些城市开展高附加值物流服务的能力和潜力。为了方便起见，将每个指标除以其最大值得到标准值，在每个指标权重相等的情况下，将标准化得分加总得到表6–19。从表中可以看出，广州物流辐射竞争力排在上海、天津之后列全国城市第三位。其他城市与广州相比差距较大。

表6-19 国内主要城市物流辐射竞争力标准化得分（2009年）

城市\指标	货物周转量标准化得分	港口吞吐量标准化得分	机场货邮吞吐量标准化得分	标准化得分合计	排序
上海	100.00	99.66	100.00	299.66	1
天津	69.98	100.00	5.64	175.62	2
广州	15.08	98.53	32.21	145.82	3
深圳	7.87	50.81	20.47	79.16	4
南京	19.54	33.93	6.30	59.76	5
武汉	16.52	22.72	3.42	42.65	6
重庆	11.39	22.60	6.29	40.28	7
北京	3.06	0.00	32.89	35.94	8
杭州	1.70	19.95	4.36	26.01	9
成都	10.58	0.00	12.68	23.26	10
西安	3.31	0.00	4.26	7.56	11

从国际上看，所有的国际大都市的物流辐射能力都相当强劲（表6-20）。广州的国际航运地位居大陆港口城市第四位，在五大国家中心城市中排名第三位。虽然国内城市港口吞吐量与四大国际都市相比普遍较高，但在航运服务领域，包括船务经纪、船舶分级与登记、船舶融资和租赁、海上保险、船舶交易、海事仲裁等方面相对薄弱；高端国际航运营运管理人才及培育力度较弱；同时，也缺少遍布全球主要港口的服务网络，以及与国际大公司之间的合作。最后，国内港口城市在国际航运新规则的制订中还缺少应有的影响力和话语权。国际大都市在航空运输方面所体现的国际辐射能力更加明显，六个国际大都市的航空货邮吞吐量全部在100万吨级以上，而民航旅客吞吐量更是全部超过广州。

表6-20 国际大都市物流辐射能力比较（2009年）

指标\城市	广州	纽约	伦敦	巴黎	东京	香港	新加坡
全球国际航运中心竞争力指数（GSCI2010）①	436.8	579.7	683.1	—	581.7	580.6	547.9
港口货物吞吐量②（亿吨）	3.66	1.39	0.53	—	0.81	2.59	5.15
航空货邮吞吐量（万吨）	95.5	114.5	134.9	205.4	263.1	338.5	166.1

数据来源：航空货邮吞吐量和民航旅客吞吐量根据国际航空协会（http://www.aci.aero）整理汇总。

（五）城市现代物流业综合竞争力

（1）城市现代物流业竞争力评价指标体系

从前述分析和比较可知，城市物流业竞争力强弱与城市所拥有的物流要素及行业的规模、结构、效率和辐射力等因素密切相关。一般而言，一

---

① 物流律师网（http://www.56lawyer.net）：《全球国际航运中心竞争力指数分值（2009）》。全球首份"国际航运中心竞争力指数"（简称GSCI）由上海浦东国际金融航运"双中心"研究中心编制，2010年3月8日在上海浦东首次发布。该指数考察和评价的对象从全球660多个港口城市（区域）中选出，按照航运等级、航运服务、航运生态3个项目，选取了58项指标进行评估。按照这份报告，伦敦、东京与香港跻身竞争力前三甲，立志于打造全球航运中心的上海位列第五名。伦敦以683.1分的综合得分遥遥领先于其他港口。中国香港以580.6分位列第三。除香港和上海进入10强外，进入指数排名前50强的中国港口还有天津（第14）、大连（第18）、高雄（第22）、广州（第29）、深圳（第32）、宁波（第36）、青岛（第47）、厦门（第49）。

② 除广州外，国外城市数据来源于美洲港口联盟网站（www.aapa-ports.org）WORLD PORT RANKING – 2008。

个城市物流竞争力要强大,就必然要求其行业规模要"大"、行业结构要"优"、行业效率要"高"、以及行业辐射力要"强"。下面从物流行业规模、结构、效率、辐射力等方面提出城市物流竞争力综合评估框架。

表6-21 城市现代物流竞争力评价指标体系

一级指标（权重）	二级指标	权重	三级指标	单位	权重
行业规模（32）	产业规模	10.0	行业增加值	亿元	5.0
			行业从业人数	万人	5.0
	物流基础设施	16.0	国家高速公路联通数	条	4.0
			国家快速铁路条数	条	4.0
			万吨港口泊位数	个	4.0
			机场跑道长度	米	4.0
	流量规模	6.0	全社会货运量	万吨	6.0
行业结构（18）	高附加值物流	6.0	特快专递总量	万件	6.0
	资源等级结构	6.0	拥有国内物流企业100强数	家	6.0
	物流方式齐全度	6.0	物流方式齐全度指数	-	6.0
行业效率（20）	产业运作效率	10.0	物流业劳动生产率	万元/人	10.0
	物流企业效率	10.0	全国民营物流企业数	家	10.0
行业辐射力（30）	辐射范围和潜力	30.0	机场货邮吞吐量	万吨	10.0
			港口货物吞吐量	亿吨	10.0
			货物周转总量	亿吨公里	10.0

注:三级指标与前述比较分析所用数据一致。
括弧中数字为广州在《全球国际航运中心竞争力指数分值(2009)中的排名》。

(2)国内主要城市现代物流业竞争力评价结果

在数据搜集齐全之后,利用层次分析法将各原始数据代入指标体系中,在计算过程中,对原始数据进行标准化处理,即首先以各指标中数值最高的城市为1,然后以此为基数,分别计算出其他城市2009年该指标对最高值的相对数，再将标准化后的各指标相对数乘以其权重，相加汇总即得到各城市现代物流业竞争力分值，最终评分结果见表 6-22。

表 6-22 国内主要城市现代物流业竞争力综合评分表（2009 年）

城市 \ 得分	规模因子	结构因子	效率因子	辐射力因子	物流竞争力综合得分
北京	22.17	15.59	13.59	3.60	32.78
上海	29.20	15.43	13.47	29.97	58.86
广州	23.01	10.87	20.00	14.58	45.46
天津	20.30	9.07	12.03	17.56	38.66
重庆	21.95	7.94	6.53	4.03	18.49
武汉	14.53	5.55	5.64	4.27	15.46
深圳	12.16	10.64	15.43	7.92	33.99
苏州	6.30	5.52	6.09	2.89	14.51

（3）小结

综合以上比较与分析，可以看出，广州物流服务能力总体处于国内主要城市上游水平，其物流的规模、结构层级及其辐射力整体仅落后于上海市，由于缺乏机场，苏州的综合物流服务能力大打折扣，北京因为缺少港口而使其物流服务能力落后于广州。

广州拥有海、陆、空、铁等较齐全的立体交通体系及完备的国际航线网络，综合交通实力仅次于上海，即使与国际大都市相比也差距不大。从实际看，是中国的"南大门"，近期又被国家定位于综合性门户城市，拥有一批高等级、大容量、国际化的重大交通设施。广州港已建成华南地区最大国际贸易中枢港，白云国际机场已成为我国三大枢纽机场之一，广州南站是亚洲规模最大的铁路客运站场，而以广州为中心的高速公路网和高速铁路网也已经逐步建成。此外，广州空港综合保税港区成为国内最大的空港保税区，南沙保税港区已进入我国保税物流体系中层次最高、政策最优惠、功能最齐全的海关特殊监管区域行列,现代物流业已形成"南有马士基、北有联邦快递"的发展格局,拥有国家 A 级资质的物流企业数已跃居全国第二。总体上看,一大批高等级、多样化、枢纽型基础设施及产业载体的相继建成与不断完善,为广州现代物流业发展提供了物质硬件上的强大支撑。

第七章

广州现代服务业新型业态竞争力评价

一、总部经济

总部经济是指某区域由于特有的资源优势吸引企业将总部在该区域集群布局，并将生产制造基地布局在具有比较优势的其他地区，而使企业价值链与区域资源实现最优空间耦合，以及由此对该区域经济发展产生重要影响的一种经济形态（赵弘，2003）。作为一种新的经济形态，总部经济有利于集聚高端资源，促进产业结构优化升级，提升中心城市的集聚辐射能力和在国际产业分工中的地位，增强城市综合竞争力。近年来，北京、上海、广州、深圳、南京、成都等许多国家中心城市都把总部经济作为经济发展战略重点。

广州作为华南地区的经济中心，总部经济发展态势良好。大批跨国公司地区总部、分支机构及研发机构等进驻广州，如宝洁、标致汽车、西门子、肯德基、伊莱克斯、ADIDAS 等跨国公司的分支机构均在广州落户。同时，广州还吸引了一批国内企业总部的入驻，如中国移动广东分公司、浦发银行、广东电力集团、烟草公司集团、乐百氏、健力宝等知名企业。现已打造出高端资源聚集、现代化程度较高的高能级天河 CBD，在不到 13 平方公里的核心区域内，2010 年实现地区生产总值近 1300 亿元，占全市总值的八分之一（新华网）。广州总部经济的发展取得了可喜的成效，但与北京、上海等中心城市相比仍有一定的差距。下面以国内主要城市为参照系，深入剖析广州总部经济的竞争力。

综观国内主要城市总部经济的发展，北京被美国《福布斯》杂志评为"第三大世界 500 强总部之都"，已拥有世界 500 强 26 家，远远多于其他城市，这主要由于北京作为首都，集聚了石油、电网、通信、金融等大型国有垄断行业的企业总部，具有其他城市不可比拟的优势条件。上海则在引进世界 500 强企业和跨国公司地区总部方面一枝独秀，大量世界五百强企业尤其是第三产业高端领域的跨国巨头都选择将亚太或中国总部设在上海，如花旗集团、汇丰银行、摩根士丹利、美国银行、黑石集团、路易威登、德勤、英特尔、GE、麦肯锡、RBS、巴黎银行、AIG、普华永道、渣打银行、安永、香奈儿、安联、迪士尼等，彰显了上海作为亚洲地区经济中心的实力和影响力。天津的中国 500 强企业则在短时间内增至 25 家，成为排名在北京、上海之后的中国 500 强总部企业集聚的"第三城"，总部经济已成为天津现代服务业的一股重要而且潜力巨大的新兴力量。深圳作为经济特区，位于南部沿海又毗邻香港，在引进外资方面具有得天独厚的条件，加上"深港总部经济圈"建设的推进，更是强强联合。香港 2008 年底地区总部达 1298 家，深圳总部经济发展也相当迅速，2009 年底吸引世界500强企业182家，其中福田区占了约六成，不仅如此，目前深圳本土的总部型企业正在高速成长，如华为公司、中兴公司、招商银行、平安集团等基本上都是总部型企业。虽然目前深圳与北京、上海的发展仍有一定差距，但在华南地区的影响力和竞争力都较强。重庆是国家五大中心城市之一，也是西部地区引入世界500强企业最多的城市，截至2010年底，入驻重庆的世界500强企业首次达到154家，其中境外企业125家，加上中国内陆首个保税港区、两江新区成立，重庆城市竞争力日益提升，成为中国对外开放的又一高地，总部经济发展前景向好。

目前，广州总部企业以区域性总部为主，跨国公司地区总部和国家级总部企业较少，与上海、北京差距仍较大，也不如深圳，而且面临重庆、成都的紧紧追赶；而在拥有世界500强企业及中国500强企业数量以及企业的经营效益方面均明显落后，不如北京、上海、天津、杭州和深圳（见表7-1），本土龙头企业的影响力和带动效应不够强，也很大程度上影响了总部经济的发展。

表7-1 国内主要城市总部经济发展实力比较（2009年）

城市 指标	北京	上海	广州	天津	重庆	深圳	杭州
引进世界500强企业（家）	250	491	170	136	114	181	70
引进跨国公司地区总部（家）	42	224	5	—	—	10	—
拥有世界500强企业（家）	26	4	1	1	0	1	0
拥有中国500强企业（家）	96	29	13	25	10	18	21
金融机构总部数（2008年）（家）	141	132	22	18	12	66	47
境内上市公司（家）	160	200	37	32	31	114	45

注：深圳引进世界500强企业数、境内上市公司总数截至2009年9月底；深圳引进跨国公司地区总部数截至2007年末。

资料来源：引进世界500强企业和拥有世界500强企业数据，根据《财富》杂志公布的2009世界500强排行榜整理统计所得；拥有中国500强企业数据，根据《2009中国500强企业发展报告》统计整理所得；其他数据来自互联网相关资料。

总部经济发达的城市，如纽约、巴黎、东京等，一般都是服务经济主导、金融业和专业服务业发展成熟、科技创新能力强、网络信息发达、商务基础设施发展现代、市场开放度高的城市。下面就以上七方面，综合分析广州及国内主要城市发展总部经济的各种优势条件。

综合比较各项国内主要城市以上七方面的发展，北京各项指标均排名前三，是国内总部经济发展环境最优越的城市：服务经济发达，与总部需求配套的金融业与专业服务业竞争优势显著；商务办公、酒店、公寓等配套设施齐全，商务环境优越；科研创新资源丰富，科技实力强劲；信息通信网络畅通发达；开发程度方面客运和货运方面仍有较大提升空间，但总体仍排全国第二，吸引了很多总部企业的进驻。

由表7-2可知，上海发展总部经济的条件也是十分优越的，仅次于北京。现代服务业发达，虽然第三产业所占比重低于广州，但其产业规模却比广州大，金融业发达并形成涵盖货币、债市、股市、汇市和期市等较完善的金融市场体系；但专业服务还需要进一步完善；科技成果效益凸显，专利授权居全国首位，但科技投入尚有提升空间；信息基础设施优势突出，商务配套服务设施完善，基本能满足国内外大型总部企业的高端、高层次需求；国际开放程度优势突出，2010年上海世博会的成功举办，进一步提升了上海的国际知名度和影响力。

广州也是国内总部经济发展环境较优越的城市之一，第三产业占经济总量六成，专业服务发展仅次于北京排第二，信息基础设施发达，开放度也较高，特别亚运会的成功举办更是提升了广州的城市形象和知名度。但目前而言，商务基础设施发展排名虽靠前，但与京沪仍有一定差距；此外，广州的金融业实力在比较城市中相对落后，金融总部及机构数均偏少，金融产品单一，体系欠完善，不久的将来，金融业很可能会成为广州总部经济进一步发展的瓶颈。

深圳、天津、杭州、重庆也具备了发展总部经济的良好基础条件。深圳经济实力强，现代服务业发达，金融保险业优势突出，金融创新不断，区域性金融中心地位初步显现；围绕总部经济需求的法律、中介、咨询、知识产权等专业服务完善；研发能力强，是国家首个"创新型城市试点"；作为经济特区，其国际开放程度仅次于京沪，优势突出，但相比之下，区域开放程度仍有待提高。

表7-2 国内主要城市总部经济发展环境比较（2010年）

城市 指标	北京	上海	广州	天津	重庆	深圳	杭州
第三产业占GDP比重（%）	75	57	61	45.3	36.13	52.7	48.7
金融机构（家）（2009娘）	904	689	181	566	229	208	215
专业服务占GDP比重（%）	8.74	4.27	7.53	2.03	1.48	3.28	—
创新指数	0.9744	0.9904	0.8672	0.824	0.4112	1	0.9392
商务基础设施指数	100	97.82	75.19	61.48	74.66	50.71	62.63
信息基础设施指数	97.22	99.77	83.11	80.2	76.47	76.77	56.94
开放度指数	78.9	84.3	77.2	68.35	57.32	76.53	59.42

注：杭州金融机构数为2008年底数据。

资料来源：创新指数来自福布斯中文网，商务基础设施指数和信息基础设施指数来自《中国总部经济发展报告（2010-2011）》，市场开放度指数来自《全球城市竞争力报告（2009-2010）》，其他数据来自各市2010年统计年鉴及2009年城市发展统计公报。

综上所述，广州处于总部经济"第一能级"，总部经济的发展实力排名第四，不敌上海、北京和深圳；总部经济发展环境排名第三，位列京沪之后。北京有政策优势和资源优势，集中了控制国计民生的大型国有企业总部、全国尖端人才、先进技术等，和作为首都在国内和国际的影响力为总部经济的发展提供了其他区域无可比拟的优势条件；上海区位条件得天独厚，发达的经济、完善的金融体系及海陆空三位一体的综合交通网络，使上海成为最受跨国公司青睐进驻的国内城市；深圳是本土龙头企业与跨国总部均衡发展的城市，其总部经济的发展已稍胜广州。深圳发展总部经济比广州优胜的条件在于其有发达的金融业做支撑，自主创新能力、研发能力强，国际开放度比广州高（对于发展总部经济，国际开放程度甚至比国内开放程度更为重要），加上与香港共建深港总部经济圈，广州要超越深圳的难度就更大了。目前，广州的优势在于开放程度、基础设施和专业服务，当务之急是要加快金融发展和金融创新，尽快打造区域金融中心，使之与总部经济的发展相适应，以及培育一批在国内甚至国际具有影响力的本土企业总部，增强经济实力和影响力，其次还要提升科技创新能力，科研教育能力和改善各种基础设施和城市环境，为总部企业特别是跨国公司地区总部落户提供良好基础。

二、服务外包

服务外包已成为现代服务业的重要组成部分，指企业将其非核心业务发包给其他的服务提供者，以降低成本，优化产业链，提升企业核心竞争力。其业务形式主要有信息技术外包（ITO）和业务流程外包（BPO）以及知识流程外包（KPO），具有信息技术承载度高、附加值大、资源消耗低等特点，承接服务外包对服务业发展和转变经济增长方式具有重要的推动作用。

作为全国21个"国家服务外包示范城市"之一，广州把握国际产业转移的契机，服务外包迅猛发展，2009年广州市登记服务外包合同额6.88

亿美元,执行额 4.04 亿美元,其中离岸合同额 5.92 亿美元,同比增长 173%;离岸执行额 3.38 亿美元,同比增长 98%,2010 年 1-7 月,登记服务外包合同额和执行额均已超过去年全年水平[①],服务外包正成为支撑广州现代服务业高速发展的助推器。但与国内其他主要城市横向比较,广州服务外包的竞争优势似乎并不明显,下面将以国内其他主要城市作参考,分析广州服务外包的发展特点。

(一)服务外包规模仍偏小,竞争力有待增强

广州服务外包发展迅猛,但与北京、上海等国内主要城市比较仍具有一定差距。如表 7-3 所示,2009 年离岸外包合同额还不到上海、北京、苏州、南京和深圳的一半,与杭州、无锡、大连的差距也不小,而服务贸易从业人员的规模也远不如上述城市。而 2009 年中国服务外包企业最佳实践 50 强主要分布在北京和上海,广州仅有 1 家,而"2009 年度中国服务外包最佳园区十强(TOP10)"广州的 4 个服务外包示范产业园区均没有入选。由此可见,广州服务外包虽然发展迅速,但和国内主要城市相比,其规模小且其竞争力薄弱。

表 7-3 2009 年国内主要城市离岸服务外包水平比较

指标＼城市	上海	北京	深圳	天津	苏州	广州	大连	无锡	南京	杭州
离岸外包合同额(亿美元)	16.83	16.1	12.8	7.0	13.98	5.92	10.5	10.67	13.51	11.37
离岸外包合同额占全国比重(%)	11.4	10.9	8.6	4.8	9.4	3.2	7.1	7.2	9.1	7.7
服务外包从业人员(万人)	10	10	6	3	8.9	5	6	—	7	6

---

① 广州服务外包网相关资料。

项目									
2009 中国服务外包企业最佳实践 50 强（家）	8	16	3	2	2	1	4	1	1	3
2009 中国服务外包最佳园区全国十强（家）	1	1	0	1	3	0	1	0	0	0

注：大连离岸外包额仅包括"信息技术与软件服务"部分，不包括 BPO 和 KPO 部分。

资料来源：据"中国服务外包网"有关城市离岸外包情况材料整理；2009 中国服务外包企业最佳实践 50 强数根据"2009 中国服务外包企业最佳实践 50 强排行榜"整理统计；2009 中国服务外包最佳园区全国十强，根据新华报业网 2010 年 5 月 16 日公布结果整理所得。

（二）ITO 产业规模属全国一线城市，但大型龙头企业竞争力不足

2009 年，广州市软件和信息服务业收入达 1150 亿元，登记服务外包合同额 6.88 亿美元，执行额 4.04 亿美元；其中离岸合同额达 5.92 亿美元，离岸执行金额 3 亿美元，增长 2 倍以上①。全球 IT 软件外包服务 100 强的 Sierra Atlantic、微软、IBM、英特尔、乐购等一批国际先进的服务业项目纷纷落户广州。2009 年，国内主要城市软件销售收入中（见图 7-1），北京以 1861 亿元位列全国首位，紧随其后的上海、深圳、广州也都突破千亿元，成为国内软件发展规模超强的一线城市。虽然广州软件产业规模大，但广州软件企业规模却比较小，国内软件出口 20 强企业仅有 1 家，依次少于北京、上海、大连等 6 市。而软件产业创新能力方面，广州与北京、上海、深圳则有一定差距，但优于其他比较城市（见表 7-4）。

---

① 广州服务外包网相关资料。

第七章 广州现代服务业新型业态竞争力评价

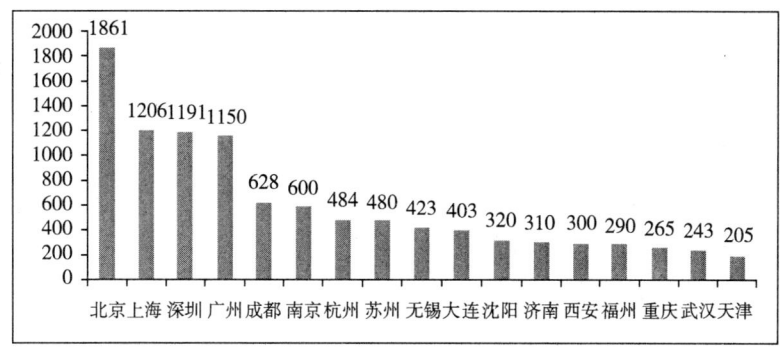

图 7-1 2009 年国内主要城市软件销售收入柱状图

数据来源：软件销售收入来源于《中国软件创新报告》，东北财经大学统计学院联合中国国际软件和信息服务交易组委会 2010 年 6 月 23 日。

表 7-4 2009 年国内主要城市 IT 服务外包竞争力比较

城市 指标	北京	上海	广州	深圳	成都	苏州	南京	杭州	大连	天津	无锡
软件产业创新能力	1.268	1.059	0.393	0.723	-0.020	0.297	-0.063	0.064	0.019	0.010	-0.092
软件出口 20 强企业（家）	4	3	1	0	2	2	2	1	3	0	0

数据来源：软件产业创新能力来源于《中国软件创新报告》，东北财经大学统计学院联合中国国际软件和信息服务交易组委会，2010 年 6 月 23 日；软件出口 20 强企业根据"2010 中国（如皋）软件和服务外包峰会暨 2009（第六届）中国软件出口（服务外包）排行榜发布会"（江苏如皋，2010 年 5 月 22 日）发布结果统计所得。

（三）BPO 发展迅速，但规模和服务水平有待提高

2008 年，广州在岸 BPO 接包规模达 50 亿元人民币，离岸 BPO 业务登记合同额达 4.43 亿美元，当年执行额为 1.71 亿美元，在 20 个服务外

包基地城市中排第7位。其中,纳税额前20位的企业实现累计纳税额约1.3亿元人民币,额度最大的企业接近4 000万元,广州在岸和离岸BPO产业规模正不断扩大①。2008年BPO项目下广州服务贸易总量虽突破100亿美元,但仍不足香港的1/12、上海的1/7和北京的1/6,也明显低于深圳市(见图7-2),仅相当于北京1997年的发展水平。广州BPO承接企业在专业能力和服务水平方面也落后于我国主要大城市,2009年经国家认定的重点企业广州只有4家,仅占全国总数的2.15%;截至2007年,广州获得CMM认证的企业仅20家②,广州拥有专业能力的企业明显不足。

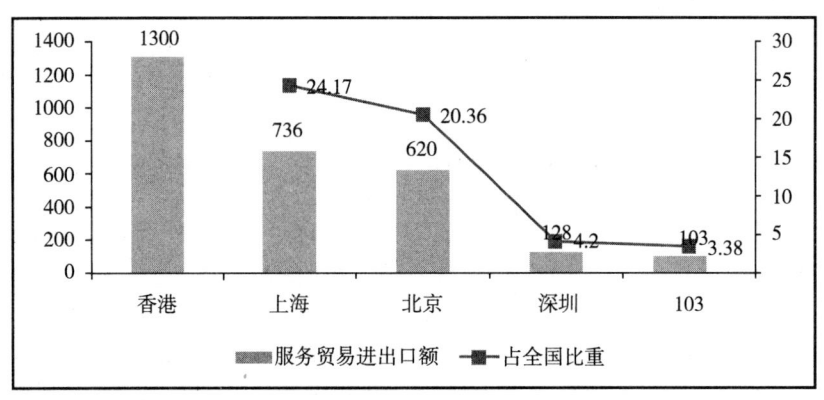

图7-2 2008年国内主要城市服务贸易进出口额及其比重

数据来源:互联网上相关数据。

---

① 《广州业务流程外包(BPO)发展模式分析》,简兆权 王广发,万方数据,2010年8月。

② 《广州业务流程外包(BPO)发展模式分析》,简兆权 王广发,万方数据,2010年8月。

三、创意产业

文化创意产业是指依靠创意人的智慧、技能和天赋，借助于高科技对文化资源进行创造与提升，通过知识产权的开发和运用，产生出高附加值产品，具有创造财富和就业潜力的产业。文化创意产业属于知识密集型新兴产业，具有高知识性、高附加值和强融合性的特征。文化创意产业已成为21世纪最具魅力的新型产业，在金融危机的大背景下，文化创意产业逆市上扬，国内主要城市的创意产业增加值均达到两位数的增长速度。由表7-5可知，北京、上海两市创意产业增加值已于2008年突破千亿大关，成为国内创意产业的龙头城市。广州位于副省级城市之首，全国排名第三，但2009年增加值还不及北京的一半，仅是上海的62%。虽然广州服务业占GDP比重达60.9%，但创意产业的比重还偏低，仅是7.87%。而且多年来一直以散乱形式发展，可谓"遍地开花"，但却缺少像北京798、上海8号桥这样颇具规模和知名度的创意产业园。目前，动漫网游、软件和工业设计是广州创意产业的生力军，但影视音像、新闻出版等行业竞争力还较弱。

表7-5 国内主要城市创意产业发展情况（2009年）

城市\项目	增加值（亿元）	占GDP比重（%）	优势行业
北京	1497	12.6	动漫网游、影视音乐、软件、工业设计
上海	1148	7.7	影视音乐、建筑设计、时尚
广州	717	7.87	动漫网游、工业设计、软件
杭州	642	12.6	动漫
深圳	531	6.5	软件、网游

| 天津 | 290 | 4.5 | 工业设计 |
| 重庆 | 280 | 4.29 | 工业设计 |

注：天津为2008年数据；目前全国还没有统一的创意产业统计标准，但各市统计基本上都涵盖了动漫网游、影视音像、新闻出版、工业设计、软件信息、广告会展等主要行业，虽然具体操作上有所偏差，但仍具有一定的可比性。

数据来源：互联网上相关数据整理所得

广州市是国家网游动漫发展产业基地之一，2008年从事网络游戏动漫产业的公司有140家，从业人员逾15000人。全市动画制作产量占全国动画片时间和部数总量的25%左右，仅次于长沙和杭州居全国城市第3位；以漫友文化为代表的原创漫画书刊发行占据全国漫画书刊市场30%的份额；国内网络游戏收入和上线产品两项指标排名前5名的企业中，广州占据了3家，电子游戏产业产品销售量在国内市场占有率为50%左右[①]。

作为广州的原创作品《喜羊羊与灰太狼》更是取得辉煌的成就，并作为中国动漫品牌与亚太52个国家和地区签署播映授权协议，是中国动漫产业发展过程中一个重要的里程碑。但同时也应看到，广州的动漫龙头企业和著名品牌还是较少，在2009年度国家广电总局推荐的四批国产优秀动画片中，主要以江浙一带和北京的作品为主，广州仅占一部。

表7-6 广州与国内主要城市文化核心层发展情况比较（2009年）

城市 指标	北京	上海	广州	天津	重庆	深圳	南京	武汉	杭州
报纸出版数 （亿份）	71.63	16.33	33.68	9.58	5.99	2.90	17.43	13.60	20.91

① 陈晔华，《广州动漫产业在市面上2008年产值过百万亿》，新华网，2009年3月26日。

第七章 广州现代服务业新型业态竞争力评价

杂志出版数（亿册）	9.70	1.79	1.95	0.33	0.63	0.24	0.91	3.21	0.52
图书出版数（亿册）	21.04	2.74	2.15	0.43	1.32	0.02	4.86	2.24	2.07
2010省级卫视收视排名	5	10	10+	9	10+	—	3	10+	2
电影映出场次（万场）	62.39	44	18.73	1.25					
艺术表演团体（个）	35	77	17	15	—	—	13	17	20

数据来源：2010年省级卫视收视排名来自CSM央视索福瑞媒介研究公司，其中"10+"表示排名位于第10名之后；其他数据来自各市2010年统计年鉴。

广州的新闻出版服务总体上与北京、上海和南京处于第一梯队。报纸和杂志的出版发行量均名列以上主要城市第二（见表7-6），但与第一名的北京差距仍很大。图书出版则排名相对较后，落后于北京、南京、上海和武汉位列第五。北京的新华通讯社作为官方的国家通讯社，除了是国内新闻发布的权威机构，还具有法定新闻监管功能，同时北京还拥有全国近四成的出版社，其新闻服务、出版发行和版权服务均处在全国领先地位。广州在新闻服务方面没有北京的优势，但其对外开放程度高，且毗邻港澳，受西方思想的影响，在思想言论方面较为开放，并拥有全国报业集团总体经济规模第一名的广州日报报业集团；但广州的出版发行和版权服务发展并不突出，与北京、南京和上海还有一定的差距。

在影视业方面，这里用省级卫视收视排名（省级卫视的人才、资源等通常集中在其所在城市，很大程度上反映所在城市的电视服务发展状况）和电影映出场次来比较各市的广播电视电影服务，比较结果显示，广州的发展也是明显落后于北京、上海的，甚至也不如长沙、杭州和南京等市。

广州的影视业有着辉煌的历史，20世纪80年代广州珠江电影厂拍摄过一系列优秀的电影，风靡大江南北，创下了中国的很多第一，全国电影事业人才曾从全国各地汇集到广州。进入90年代后，随着香港和国外大片的进驻，广州电影事业首当其冲受到严峻冲击，影响力也逐渐减弱，电影人才纷纷北迁。与此同时，北京、上海等地的影视业纷纷崛起，北京集中了全国70%的影视机构和绝大部分的优秀影视人才，2009年出品电影230部，占全国一半以上，上海的互联网视听服务产业发展迅速，2009年的用户规模和产业规模都达到全国的半壁江山，长沙的影视娱乐业近年异军突起，湖南卫视屡创收视奇迹，连续八年来在全国各省级收视率排名中排在第一位，打造了许多知名栏目。相比之下，广州目前在影视方面均明显落后，广州发展影视产业有资本优势和地理优势，目前必须加强的是其原创能力和给予更多的政策支持。

在文化艺术方面，广州的发展在比较城市里是相对落后的，除了艺术馆、文化馆和博物馆数量偏少外，其专业艺术表演团体也明显少于其他主要城市，广州的艺术类专业院校的数量和质量也明显比不上北京和上海，文化艺术氛围还不够浓厚，特别对传统地方特色的文化艺术缺乏重视，如广州是粤剧的发祥地，但对粤剧的传承和发扬工作还不如香港做得好。

广州已初步形成了工业设计产业上下游融合的产业链，仅广州开发区2009年工业设计带动工业总产值达到312.82亿元，累计获得工业设计国际大奖32项，国内权威工业设计奖项红星奖、红棉奖100余项，成绩骄人。国内许多城市的工业设计也蓬勃发展，将设计产业作为"立市之本"，如北京提出打造"创意之都"，工业设计产业从业人员已达10万人，各类工业设计公司近两万家，设计服务业收入近三年平均增速高达40%，工业设计实力领跑全国。深圳平面设计一直处于国内领先地位，上海吸引了全球前100名顶级建筑事务所中的62家和全球前10名广告公司落户，两市先后被联合国教科文组织授予"设计之都"，均是我国设计产业较发达的城市；无锡提出"创立亚洲设计中心"，并取得明显成效。广州工业设计

第七章 广州现代服务业新型业态竞争力评价

处于全国的前列，但在全国各市工业设计发展态势强劲的情况下，如何保持竞争优势是广州今后努力的方向。

四、电子商务

20世纪90年代以来，新经济浪潮不断涌现。经济全球化、商务电子化成为不可逆转的大趋势，电子商务已成为决定城市竞争力的重要因素。电子商务通常是指是在全球各地广泛的商业贸易活动中，在因特网开放的网络环境下，基于浏览器/服务器应用方式，买卖双方不谋面地进行各种商贸活动，实现消费者的网上购物、商户之间的网上交易和在线电子支付以及各种商务活动、交易活动、金融活动和相关的综合服务活动的一种新型的商业运营模式[①]。电子商务涵盖的范围很广，一般可分为企业对企业（Business – to – Business，简称 B2B），或企业对消费者（Business – to – Consumer，简称 B2C）两种。另外还有消费者对消费者（Consumer – to – Consumer，简称 C2C）这种大步增长的模式。2008 年底赛迪顾问股份有限公司宣布完成一个较完善的评价指标体系，首次排定中国城市电子商务成熟度座次，上海、北京、广州、深圳、天津、青岛、苏州、厦门、杭州、宁波在综合评价中位居前 10 名[②]。广州在这次测评中各分项排名均靠前，但笔者认为广州的电子商务仍处于发展初期，仍不能适应广州国际商贸中心的需求。

我国电子商务市场属于典型的寡头垄断市场，据《2010 年（上）中国电子商务市场数据检测报告》显示，2010 年上半年，中国 B2B 电子商

---

① 引自百度网 http：//baike.baidu.com/view/757.htm。
② Linux 宝库 — http：//www.linuxpk.com/8907.html。

务市场中，仅杭州阿里巴巴一家公司的市场份额占到54.6%，深圳的环球资源网占11.8%，广州B2B电子商务平台也有初步的发展，2009年中国电子商务B2B网站排名100强①中，广州的环球市场、华人螺丝网、金蜘蛛紧固件网、中国皮具网、医疗商务网、全球食品配料网和中国美容人才网等7个电子商务平台入围，与深圳并列第四，但与杭州、北京和上海等实力强劲的城市相比，差距仍较明显（见表7-7）。而且广州入围的电子商务网站大都处于起步阶段，其业务规模、实力和影响力还较小，其市场份额的总和还远远不如一家阿里巴巴。

表7-7 电子商务B2B网站百强数（2009年）

城市	杭州	北京	上海	广州	深圳
百强数	30	12	11	7	7

数据来源：《2010年（上）中国电子商务市场数据检测报告》。

而在B2C电子商务市场中，全国排名前三位的京东商城、当当网和卓越亚马逊网站总部均在北京，合计市场份额已超过全国一半。上海也是B2B发展较发达的城市，在上海设立全球支援中心的新蛋网在中国2010年上半年的市场份额占到6.1%，麦网和易迅网分别占到2.4%和1.5%。南京的苏宁易购也占到0.8%。而在前十名的网站中，依然没有广州的B2C网站入围。

团购网是2010年初火速兴起的一种网络交易平台，其实质是B2C交易平台的一种。团购网就是团购的网络组织平台，就是互不认识的消费者，借助互联网的"网聚人的力量"来聚集资金，加大与商家的谈判能力，以求得最优的价格。根据薄利多销、量大价优的原理，商家可以给出

---

① 由国家发改委、工信部、商务部等部委联合主办的第五届中小企业电子商务应用大会上公布。

低于零售价格的团购折扣和单独购买得不到的优质服务[①]。团购网站的大量兴起,受到网购消费者的热烈追捧,已成为一种时尚的网购方式。据中国电子商务研究中心发布的《2010年(上)中国电子商务市场数据检测报告》中显示,国内市场交易份额排名前九位的美团网、F团、拉手网、团宝网、满座网、24券、爱帮网、饭团网和糯米网等著名团购网站均成立于北京,共占市场份额86.4%,其中仅美团网一家便占近1/4的市场交易额,排第十位的为杭州的快抱网占0.3%。上海的大众点评网虽然交易额未进前十,但据第三方互联网媒体数据监测机构IZP报告显示,其流量排名国内团购网站的第5名。深圳腾讯旗下的QQ团购也发展迅速。广州的团购网站也有一定的发展,如中国团购在线也是国内大型的连锁团购网站,但无论从数量还是规模上,与北京团购网站的发展仍有很大差距。

在我国C2C电子商务市场,仍然是杭州的淘宝网一家独大,垄断了83.5%的市场份额;深圳腾讯旗下的拍拍网占11.5%,上海的易趣网和北京的百度有啊分别占4.4%和0.6%,四者已经占据全国C2C网购市场的99.9%,广州基本没能在国内有较强影响力的C2C平台。拍拍网有着数亿用户的QQ作后盾,发展潜力巨大;同样,有啊有着百度强大的流量作支撑,发展潜力也不容小视;广州必须努力创造条件,加快C2C网络平台的建设。

在第三方网上支付企业中,杭州支付宝凭借阿里巴巴和淘宝网在市场上的优势,占据了近一半的市场支付份额。深圳财付通与拍拍网和腾讯QQ有很好的融合,占据了超过两成的交易额。北京中国银联电子支付排名前三,并在2010年上半年占据了7%的市场份额。上海的快钱和环迅支付也是国内知名的第三方支付公司之一。广州的双乾网络科技有限公司,简称95epay也是第三方支付公司,但其知名度和市场占有率仍很低。

总的来说,杭州是目前中国电子商务发展最好最快的城市,中小网商

[①] 来自百度百科,http://baike.baidu.com/view/1075454.htm。

云集，政府支持力度大，是名副其实的"中国电子商务之都"；北京聚集了全国八成的电子商务交易平台企业，网络购物发展迅速；深圳是全国首个"电子商务示范城市"，涌现大批电子商务龙头企业；上海在电子支付和金融支付上屡屡创新，领先全国。广州电子商务的发展还相对落后，缺少大型的电子商务龙头企业，明显落后于以上城市，但广州在电子商务的应用方面，却排在全国前列，2009年电子商务交易规模达3600亿元，占同期全国电子商务交易额的9.5%，比上海高出600亿元[①]。而且广州电子商务的发展有良好的信息网络和通信服务业支撑，2009年底广东网民数4860万人，其中手机网民数占全国23.8%，位居全国第一，互联网普及率达到50.6%，宽带覆盖率达到92.5%。随着2008年广州获批成为国家移动电子商务试点示范城市和阿里巴巴在广州建立华南运营总部，广州电子商务发展势头良好，虽然暂时落后，但前景乐观。

---

① 中商情报网，《2009年广东省电子商务交易规模》。

第八章

广州现代服务业龙头企业竞争力评价

一、零售龙头企业竞争力比较

广州零售业总体规模在全国位居前列，但龙头零售企业规模和数量偏小、竞争力弱。根据中国企业联合会和中国企业家协会联合发布的《2008中国企业500强名单》，中国产业研究报告网整理出的零售业子榜单（表8-1）中，上海、南京各有3家，北京、大连各有2家零售企业进入中国企业百强名单。合肥市也有2家零售企业进入百强榜，广州竟然没有一家上榜，表明广州零售企业规模普遍偏小，缺乏大型龙头企业。

表 8-1 2008 年中国企业 500 强零售业排名前 19 位统计

名次	企业名称	营业收入（万元）	所在城市
1 (25)	百联集团有限公司	15,488,739	上海
2 (37)	华润（集团）有限公司	11,330,190	深圳
3 (44)	国美电器有限公司	10,230,000	北京
4 (53)	苏宁电器股份有限公司	8,547,546	南京
5 (85)	大连大商集团有限公司	5,021,921	大连
6 (95)	光明食品（集团）有限公司	4,646,035	上海
7 (184)	物美控股集团有限公司	2,794,052	北京
8 (212)	安徽省徽商集团有限公司	2,329,475	合肥
9 (218)	三胞集团有限公司	2,246,172	南京
10 (224)	江苏五星电器有限公司	2,156,159	南京
11 (231)	海航集团有限公司	2,058,430	海口
12 (260)	重庆商社（集团）有限公司	1,808,251	重庆
13 (295)	合肥百货大楼集团股份有限公司	1,567,300	合肥
14 (298)	大连万达集团股份有限公司	1,544,593	大连
15 (301)	天津一商集团有限公司	1,522,000	天津
16 (383)	利群集团股份有限公司	1,223,624	青岛
17 (402)	银泰百货（集团）有限公司	1,144,523	杭州
18 (404)	武汉中百集团股份有限公司	1,138,000	武汉
19 (431)	上海良友（集团）有限公司	1,076,718	上海

数据来源：中国产业研究报告网 http://www.chinairr.org，笔者添加了所在城市的内容。

注：抓弧中数字为企业在世界 500 强中的排名。

从区域零售业集中度看，上海、北京、天津、重庆、沈阳、南京、杭州、武汉、广州、深圳这 10 个经济总量居前的大城市中，上海、北京、武汉、南京、深圳5个城市的CR4①都已经超过30%，上海的零售业CR4甚至接近40%，而广州的区域零售业集中不到30%。按照贝恩分类法，CR4≥30%为寡占型行业的标准，我国一些区域零售市场集中度已经很高，这些区域的零售市场已经不再是完全竞争的市场。

从中国零售业百强的城市分布来看（见表8-2），广州与五大国家中心城市相比仅在数量上比重庆多出一家企业，但重庆商社这一家零售业百强企业的销售总收入超过300亿元，超过广州两家零售业百强企业销售总收入之和。广州零售龙头企业数量和销售总收入远远落后于上海、北京，也落后于深圳和天津，与非国家中心城市相比也落后于南京、杭州、成都、武汉、青岛、宁波、沈阳等城市。零售龙头企业在数量上排第十二位，销售收入排在所比较的17个城市中第15位。

表8-2 中国零售业百强城市分布

排序	城市	零售100强（家）
1	上海	17
2	北京	14
3	深圳	8
4	南京	6
5	武汉	3
6	天津	3
7	青岛	3
8	杭州	3
9	成都	3
10	沈阳	2
11	宁波	2
12	广州	2
13	重庆	1

① 指前4位企业市场占有率，是对产业的竞争和垄断程度分类的研究指标。

| 14 | 西安 | 1 |
| 15 | 大连 | 1 |

数据来源：第一商业网 http：//www.topbiz360.com/html/newscenter/transparent/20090806/51590.html。

在 2009 年中国连锁百强前 20 名的城市分布中（表 8-3），广州没有零售龙头企业一家上榜，合肥有 2 家，济南也有一家。表明广州的零售龙头企业竞争力劣势非常明显。连锁百强前 20 名的龙头企业中，上海有 7 家，销售总规模 2561.85 亿元；北京有 3 家，销售总规模 1695.01 亿元；深圳有 3 家，销售总规模 1192.56 亿元。而广州的广百（百强第 58 位）和友谊（百强排名第 73 位）两家大型零售企业的销售规模合计也只有 75.34 亿元，不及排名第 44 位的烟台市振华百货股份有限公司的销售额。

表 8-3 2009 年中国连锁百强前 20 名

序号	企业	销售规模（万元）	增幅%	门店总数（个）	增幅%	城市
1	国美电器有限公司	10680165	2.1	1170	-14.1	北京
2	物美控股集团有限公司	3270000	6.7	2333	16.1	北京
3	新合作商贸连锁集团有限公司	3000000	76.5	88653	24.8	北京
4	大商集团有限公司	7053590	12.8	160	6.7	大连
5	安徽省徽商集团有限公司	3437883	13.5	2884	15.5	合肥
6	合肥百货大楼集团股份有限公司	2090000	7.7	136	8.8	合肥
7	山东省商业集团总公司	2564116	37	206	25.6	济南
8	苏宁电器集团	11700267	14.3	941	15.9	南京
9	百联集团有限公司	9791537	3.8	6153	-4.1	上海
10	康成投资（中国）有限公司（大润发）	4043169	20.5	121	19.8	上海
11	家乐福（中国）管理咨询服务有限公司	3660000	8.2	156	16.4	上海

12	百胜餐饮集团中国事业部	2880000	9.9	3200	18.5	上海
13	农工商超市（集团）有限公司	2673800	0.2	3331	0	上海
14	百思买（中国内地）	2570000		262		上海
15	好又多管理咨询服务（上海）有限公司	1650000	0.6	104	0	上海
16	华润万家有限公司	6800000	6.6	2926	8.5	深圳
17	沃尔玛（中国）有限公司	3400000	22.2	175	45.8	深圳
18	新一佳超市有限公司	1723600	-2	109	3.8	深圳
19	武汉中百集团股份有限公司	1685519	18.4	674	7	武汉
20	重庆商社（集团）有限公司	3004698	14.4	313	6.5	重庆

数据来源：第一商业网 http://www.topbiz360.com/html/newscenter/transparent/20090806/51590.html。

二、批发龙头企业竞争力比较

与零售龙头企业的尴尬地位相比，广州的批发龙头企业竞争力在全国的地位稍微好一些，但依旧处于相对劣势。根据全国城市农贸中心联合会 2007 年度全国农产品批发市场综合 100 强数据，广州作为一个拥有千万级人口规模的大城市，农产品市场进入全国百强的批发市场数量只有一家（表 8-4），远远落后于北京的 10 家，数量上与重庆、西安、苏州、郑州处于同一等级。

表8-4 中国农产品市场批发百强城市分布

北京	上海	深圳	广州	天津	重庆	苏州	宁波	郑州
10	4	3	1	2	1	1	2	1
杭州	成都	南京	武汉	西安	青岛	大连	沈阳	
2	2	2	2	1	2	0	3	

数据来源：全国城市农贸中心联合会，http：//www.cawa.org.cn/ArticleInfo.aspx?ID=14693。

从规模上看，广州的农产品龙头批发市场进入百强前30名的只有一家，北京有6家农产品批发市场进入百强前30名。与同样人口规模等级的深圳相比，无论从数量上还是从规模上看，广州都处于落后地位。这与广州的农产品消费、优越的交通地理区位等优势地位不相称。

从纺织品服装鞋帽专业龙头批发市场来看（表8-5），广州原有的优势地位丧失，没有一家能进入全国前十名。批发市场规模过小、布局分散、原有批发市场改造升级后进驻商家流失是广州纺织品服装鞋帽专业批发市场竞争力降低的主因。就广州的发展趋势来看，这类批发市场的周边转移给广州的优势产业发展留下了空间，问题在于广州并没有借助电子商务等技术和新的批发业态将市场的信息、资金、物流等控制权留在广州。

表8-5 十大纺织品服装鞋帽市场

排名	十大纺织品服装鞋帽市场	城市
1	江苏吴江东方丝绸市场	江苏苏州
2	浙江绍兴中国轻纺城	浙江绍兴
3	海城市西柳服装市场	辽宁鞍山
4	广东西樵轻纺城	广东佛山
5	中国轻纺城钱清轻纺原料市场	浙江绍兴
6	浙江湖州织里童装市场	浙江湖州
7	江苏常熟招商城	江苏苏州

第八章 广州现代服务业龙头企业竞争力评价

8	郑州纺织大世界	河南郑州
9	山东即墨服装批发市场	山东青岛
10	山东淄博淄川服装城	山东淄博

数据来源：全国专业市场网，http://518.qjy168.com/paihang.php。

在全国十大工业品综合批发市场中（表8-6），广州有两家进入前十名，但规模影响不及浙江地理位置较偏远的义乌一家，在全国的批发市场口碑中远远落后于义乌。批发市场的转型与电子信息化升级改造任务急迫繁重。

表8-6 全国十大工业品综合市场

排名	全国十大工业品综合市场	城市
1	中国小商品城	浙江义乌
2	石家庄新华集贸中心市场	河北石家庄
3	石家庄市南三条集贸批发市场	河北石家庄
4	湖南常德桥南市场	湖南常德
5	萧山商业城	浙江杭州
6	安庆光彩大市场	安徽安庆
7	株洲市芦淞批发市场	湖南株洲
8	湖北武汉汉正街	湖北武汉
9	广州国际玩具礼品城	广东广州
10	广州海印电器总汇	广东广州

数据来源：全国专业市场网，http://518.qjy168.com/paihang.php。

在全国十大小商品批发市场中（表8-7），广州也没有一家上榜。"小商品"成为带动义乌城市现代服务业快速发展的核心引擎，因此不能小看商贸市场对城市产业发展带动作用。

表8-7 全国十大小商品批发交易市场

排名	全国十大小商品批发交易市场	城市
1	义乌中国小商品城	浙江义乌
2	成都荷花池市场	四川成都
3	浙江路桥小商品批发市场	浙江台州
4	玉田县鸦鸿桥市场	河北唐山
5	天津大胡同小百货批发商场	天津
6	新华集贸市场	河北石家庄
7	沈阳五爱小商品批发市场	辽宁沈阳
8	中国南三条小商品城	河北石家庄
9	汉正街市场	湖北武汉
10	潍坊小商品城	山东潍坊

数据来源：全国专业市场网，http://518.qjy168.com/paihang.php。

作为全国三大汽车生产城市之一，全国十大汽车配件批发城中广州占了两家（表8-8）。这给了我们很大的启示，广州必须走依靠优势产业发展专业批发市场的道路，持续构建广州优势产业的专业市场的竞争力。

表8-8 全国十大汽配城

排名	全国十大汽配城	城市
1	上海东方汽配城	上海
2	北京四元桥汽配城	北京
3	常熟国际汽配城	苏州
4	北京西郊汽配城	北京
5	广园致友汽配城	广州
6	五方天雅汽配城	北京

7	广州湛隆汽配广场	广州
8	南京新伊汽配城	南京
9	北京汽车汽配基地	北京
10	南京仙林国际汽配城	南京

数据来源：全国专业市场网，http://518.qjy168.com/paihang.php。

三、软件龙头企业竞争力比较

广州软件产业今年发展迅速，先后获得了国家软件产业基地，国家火炬计划软件产业基地、国家网络游戏动漫产业发展基地、国家软件出口创新基地，国家信息化示范城市试点和国家服务外包基地城市等称号。2009年广州实现软件销售收入1150亿元，少于北京1861亿元、上海1206亿元和深圳1191亿元排名第四，是软件发展规模超强的一线城市。截至2008年底，广州市软件及相关企业总数约1700家，其中经认定并享受软件企业优惠政策的有823家，占全省总数67%（除深圳特区）。一批龙头企业综合实力继续增强，市场影响力不断上升：目前全市软件企业年总收入超亿元的43家，其中从兴电子、海格通信和网易互动娱乐等10家被列入国家规划布局内的重点软件企业，总数居全国城市第4位。

表8-9 国内主要城市2010年中国百强软件企业数

城市	北京	杭州	深圳	南京	上海	沈阳	广州	珠海	青岛	重庆	大连	武汉	天津
百强软件企业数	33	11	7	7	6	5	3	3	2	1	1	1	0

数据来源：根据中商情报网2009年中国软件百强企业整理所得。

但据信息产业部公布的"2010年中国百强软件企业"排名（表8-

10）显示，广州入围的只有3家，比2009年少1家，且排名靠后，均位于40名后，数量比北京、杭州、南京、上海、深圳和沈阳等市要偏少。若以国内各城市进军百强软件企业年收入总和来排名，广州仅列第十，排在前面的是深圳、北京、南京、杭州、青岛、上海、济南、大连、沈阳。

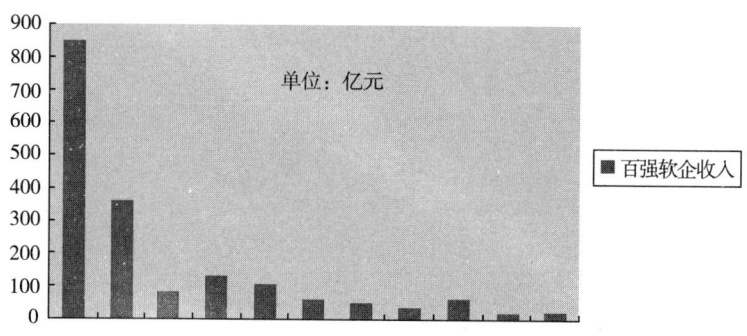

图8-1 国内主要城市2009年中国百强软件企业销售收入

注：销售收入为2008年数据。

数据来源：根据中商情报网2009年中国软件百强企业整理所得。

比较各市入围的企业数量和软件销售收入（见表8-9和图8-1），北京的软件龙头企业数最多，达33家。但企业规模最大、影响力最强的还是深圳的软件企业，深圳的华为技术有限公司连续9届保持百家企业首位，其软件业务收入9年间增加了12倍，2009年软件销售收入725.68亿元，占百强软件企业销售收入的近3成，是广州3家全国软件百强企业销售收入的41倍（表8-10）。

第八章 广州现代服务业龙头企业竞争力评价

表8-10 国内主要城软件市龙头企业情况（2009）

城市	企业名称	软件收入（万元）	占百强总收入比例（%）	软件百强排名
深圳	华为技术有限公司	7256789	29.64	1
	中兴通讯股份有限公司	2706625	11.05	2
北京	神州数码（中国）有限公司	1303956	5.33	3
	北京北大方正集团公司	624371	2.55	5
南京	熊猫电子集团有限公司	608666	2.49	6
	南京联创科技集团股份有限公司	360777	1.47	11
杭州	浙大网新科技股份有限公司	490603	2.00	7
	杭州恒生电子集团有限公司	203600	0.83	20
青岛	海尔集团公司	817972	3.34	4
	海信集团有限公司	130487	0.53	35
沈阳	东软集团股份有限公司	416606	1.70	9
	沈阳先锋计算机工程有限公司	310300	1.27	13
上海	中国银联股份有限公司	249133	1.02	16
	上海贝尔阿尔卡特软件有限公司	228486	0.93	18
广州	广州广电运通金融电子股份有限公司	86184	0.35	48
	广州海格通信集团股份有限公司	47196	0.19	86
	广州数控设备有限公司	43728	0.18	88

数据来源：根据中商情报网2009年中国软件百强企业整理所得。

目前，中国各大城市的软件产业形成了百花齐放的盛况。北京、深圳两地的软件产业引领全国，处于领先地位，大连以软件出口闻名于全球，上海、南京、杭州、青岛、沈阳等地的软件业也占有一席之地，作为国家五大中心城市之一的广州，尽管软件业的整体规模不小，但缺乏行业内具影响力的龙头软件企业。在其他城市咄咄逼人的竞争压力下，广州的危机意识更应该加强。目前，广州亟待培育一批具有自主品牌、引领同行的龙头企业，此外，创新能力不足、高级软件人才较少、园区建设滞后、市场环境有待规范等问题也不容忽视。

四、港口龙头企业竞争力比较

集装箱运输（Container transport）是现代流通领域内运用大型装卸机械和大型载运车辆进行装卸、搬运作业和完成运输任务，从而更好地实现货物"门到门"运输的一种新型、高效率和高效益的运输方式。目前集装箱运输已遍及世界上所有的海运国家，进入成熟阶段。因此，港口集装箱年吞吐量是衡量港口城市竞争力的一个非常重要的指标。如表8-11所示，上海、深圳两市港口集装箱吞吐量远远超过广州，宁波、青岛、天津三大港口集装箱吞吐量基本上与广州处于同一层次。

表8-11 中国主要港口集装箱吞吐量统计

排名	港口	2009年吞吐量（单位：万TEU）	2010年吞吐量（单位：万TEU）	同比
1	上海	2500.1	2907.0	16.3
2	深圳	1825.0	2251.0	23.3
3	宁波—舟山	1050.3	1314.7	25.2
4	广州	1120.0	1254.6	12.0
5	青岛	1026.2	1201.2	17.1
6	天津	870.3	1008.6	15.9
7	厦门	468.0	582.4	24.5
8	大连	457.7	526.2	15.0
9	连云港	303.2	387.1	27.7
10	苏州	271.8	364.4	34.1

11	烟台	140.1	154.1	10.0
12	福州	112.3	147.1	20.3
13	南京	96.6	145.3	50.4
14	（南京本港）	121.1	141.5	16.8
15	中山	110.1	125.1	13.6
16	日照	82.1	106.1	29.2
17	武汉	56.4	64.5	14.5
18	南通	35.1	46.2	31.9
19	重庆	35.5	42.2	20.3
20	秦皇岛	33.1	34.0	2.8
21	湛江	23.2	32.0	38.2
22	防城	20.4	25.1	23.3

数据来源：航运指数网，http://zhishu.sol.com.cn/。

在中国沿海港口吞吐量方面，广州近年来排名一直保持第四的位置。值得说明的是，在货物周转量方面，广州与天津存在明显的差距，总量约为天津的1/5。究其原因：其一是天津港口辐射范围广，近至华北地区，远至西北乃至新疆，天津港70％以上进出口货源来自北京、河北、山西和内蒙古等地区，而广州基本上是省内货物。其二，与邻近的香港、深圳等港口相比，在国际远洋运输中，广州港更多的承担支线港、喂给港的角色，而天津作为始发港口，在货物吞吐量基本相同的情况下，天津港的周转量自然较广州为多。其三，华北是中国钢铁和石化产业的重心，天津港还是中国最忙碌的矿石码头之一，每年仅从澳大利亚、巴西、印度进口的铁矿石就高达2500万吨，每年完成煤炭吞吐量都在3000万吨以上，原油和成品油接卸能力已达500万吨。而广州大型钢铁石化项目相继被取消。其四，广州港口国际航线数偏少，每月国际班轮数约为天津的1/5。

表 8-12 中国主要城市港口吞吐量

城市	2010 年港口货物吞吐量（万吨）	2009 年港口货物吞吐量（万吨）
上海	65339.40	59205.2
深圳	22097.69	19365
广州	42526	37549
天津	41325	38111
重庆	9668.42	8611.62
南京	15825.54	12146
武汉	6620	5409
青岛	35012	31546
苏州	33000	24634
宁波	41200	38400
大连	31399	27203

数据来源：各城市统计公报（2010 年和 2009 年）。

迄今为止，广州港尚未总体上市，上海、深圳、天津和宁波在企业上市方面走在广州前列，这必然会对广州港的竞争力产生负面影响（表 8-13）。截至 2012 年 3 月，上港集团股票总市值雄居国内港口上市公司之首，宁波港总市值居国内第二位，深圳有两家港口上市公司。此外，内河港口城市如南京、芜湖和重庆也各有一家上市公司。

表 8-13 国内港口上市龙头企业（2012 年 3 月）

股票代码	名称	价格	市盈率	流通市值（亿元）	总市值（亿元）	每股收益	净利润（亿元）	主营收入
600018	上港集团	2.9	13.6	608.7	659.9	0.21	47.24	217.7 亿
600575	芜湖港	8.89	27.8	63.26	93.06	0.32	3.31	300.5 亿
1000507	珠海港	10.65	12.6	32.30	36.74	0.85	2.92	4.54 亿
600717	天津港	6.28	11.2	105.1	105.1	0.56	9.30	127.2 亿
1000905	厦门港务	5.64	20.9	29.95	29.95	0.27	1.45	24.20 亿

600017	日照港	2.86	13.5	64.78	75.24	0.15	3.98	26.11亿
1000022	深赤湾A	9.39	12	43.72	60.54	0.78	5.06	17.08亿
601000	唐山港	6.58	14.6	29.61	74.22	0.41	4.61	29.98亿
1000582	北海港	7.65	24.9	10.84	10.87	0.23	0.3272	3.49亿
1000088	盐田港	5.03	17.6	75.15	75.15	0.29	4.26	3.61亿
601880	大连港	2.56	21.2	20.70	113.3	0.15	6.66	39.55亿
600190	锦州港	3.57	22.3	37.26	55.76	0.16	2.50	11.88亿
600317	营口港	3.82	18	41.93	41.93	0.21	2.33	29.14亿
601018	宁波港	2.46	12.3	75.77	314.3	0.15	18.82	51.45亿
601008	连云港	4.57	20.8	26.60	28.53	0.22	1.34	15.00亿
1002040	南京港	6.39	42.6	15.71	15.71	0.15	0.3690	1.63亿
600279	重庆港九	7.08	26.6	10.67	24.22	0.27	0.9116	14.71亿

数据来源：网易财经行情中心（http：//quotes.money.163.com/stock），沪深行情 > 证监会行业 > 交通运输、仓储业 > 交通运输辅助业，通过查询整理得到，查询日期：2012年3月31日。

从国际港口龙头企业竞争能力比较来看（表8-14），在2008年世界十大集装箱港口排名中，韩国釜山港以1342万TEU连续三年排名世界第五位。近年，釜山港集装箱吞吐量连续增长，此前2006年和2007年分别为1203万TEU和1326万TEU。据悉，新加坡港以2992万TEU连续4年位居首位。而排名中最为抢眼的是近来发展迅速的中国港口，上海（2801万TEU）、香港（2430万TEU）、深圳（2142万TEU）、广州（1100万TEU）、宁波舟山（1084万TEU）、青岛（1002万TEU）分别位居第二、第三、第四、第七、第八和第十位。此外，迪拜港（1200万TEU）和鹿特丹港（1083万TEU）排名第六和第九位。广州港国际排名位居全球第6位，落后于上海和深圳。

表 8-14 2009 年世界集装箱港口前 30 强排名

世界排名	港口名称	地域	吞吐量（TEU）	国家（地区）
1（1）	新加坡	东南亚	25866400	新加坡
2（2）	上海	东亚	25002000	中国
3（3）	香港	东亚	20983000	中国香港
4（4）	深圳	东亚	18250100	中国
5（5）	釜山	东北亚	11954861	韩国
6（8）	广州	东亚	11190000	中国
7（6）	迪拜	中东	11124082	阿拉伯联合酋长国
8（7）	宁波－舟山	东亚	10502800	中国
9（10）	青岛	东亚	10260000	中国
10（9）	鹿特丹	西欧	9743290	荷兰
11（14）	天津	东亚	8700000	中国
12（12）	高雄	东亚	8581273	中国台湾
13（13）	安特卫普	北欧	7309639	比利时
14（15）	巴生	东南亚	7300000	马来西亚
15（11）	汉堡	中欧	7010000	德国
16（16）	洛杉矶	北美西海岸	6748994	美国
17（18）	丹戎帕拉帕斯	东南亚	6000000	马来西亚
18（17）	长滩	北美西海岸	5067597	美国
19（22）	厦门	东亚	4680400	中国
20（21）	林查班	东南亚	4621635	泰国
21（20）	纽约\新泽西	北美东海岸	4561831	美国
22（23）	大连	东亚	4552000	中国
23（19）	不莱梅\不莱梅哈分	中欧	4535842	德国
24（24）	尼赫鲁	印度次大陆	4061343	印度
25（25）	丹戎不禄	东南亚	3800000	印度尼西亚
26（24）	东京	东北亚	3744906	日本
27（28）	瓦伦西亚	地中海西部	3653890	西班牙

第八章 广州现代服务业龙头企业竞争力评价

28（36）	塞拉莱	中东	3490000	阿曼
29（34）	塞德港	地中海东部\黑海	3470000	埃及
30（27）	科伦坡	印度次大陆	3464297	斯里兰卡

数据来源：《中国港口》2010年第5期刘菊香的《2009年世界集装箱港口前100强排名》，括号内数据为2008年度排名。

五、机场龙头企业竞争力比较

大量事实表明，由于枢纽机场大都位于重要的政治或经济中心，能够更好地适应国际和地区发展环境，能够更有效地获取和使用各种资源，使其取得高于一般竞争对手的效率和效益，从而在竞争中持续获得优势。因此，连接国际国内主要城市、航线密集、旅客和货邮运量集中、中转运量比率高的大型或超大型机场，在一个国家和地区的民用航空运输网络中具有重要地位。

从机场旅客吞吐量来看，北京、上海和广州三大城市机场旅客吞吐量占全部机场旅客吞吐量的32.8%。广州白云机场旅客吞吐量居全国第二，但与首都国际机场差距较大，只有前者的60%。上海两大机场紧随其后，对广州形成较大的压力。

表8-15 2009年中国主要城市机场旅客吞吐量比较

机场	排名2011年	2011年（吨）	2010年（吨）	2009年（吨）	2008年（吨）	2008-2011年均增长率
合计		620,536,534	564,309,654	486,063,491	405,762,104	15.21%
北京/首都	1	78,674,513	73,948,114	65,375,095	55,938,136	12.04%
广州/白云	2	45,040,340	40,975,673	37,048,712	33,435,472	10.44%
上海/浦东	3	41,447,730	40,578,621	31,921,009	28,235,691	13.65%

上海/虹桥	4	33,112,442	31,298,812	25,078,548	22,877,404	13.12%
成都/双流	5	29,073,719	25,805,815	22,637,762	17,246,806	19.01%
深圳/宝安	6	28,245,738	26,713,610	24,486,406	21,400,509	9.69%
昆明/巫家坝	7	22,270,130	20,192,243	18,944,716	15,877,814	11.94%
西安/咸阳	8	21,163,130	18,010,405	15,294,948	11,921,919	21.08%
重庆/江北	9	19,052,706	15,802,334	14,038,045	11,138,432	19.59%
杭州/萧山	10	17,512,224	17,068,585	14,944,716	12,673,198	11.38%
厦门/高崎	11	15,757,049	13,206,217	11,327,870	9,385,436	18.85%
长沙/黄花	12	13,684,731	12,621,333	11,284,282	8,454,808	17.41%
南京/禄口	13	13,074,097	12,530,515	10,837,222	8,881,261	13.76%
武汉/天河	14	12,462,016	11,646,789	11,303,767	9,202,629	10.63%
大连/周水子	15	12,012,094	10,703,640	9,550,365	8,205,454	13.55%
青岛/流亭	16	11,716,361	11,101,176	9,660,129	8,200,367	12.63%
天津/滨海	24	7,554,172	7,277,106	5,780,281	4,637,299	17.66%

数据来源:《2009 年全国机场生产统计公报》,中国民航局 www.caac.gov.cn(2010-02-05)。

从货邮吞吐量来看,各机场中,2009 年货邮吞吐量在 10000 吨以上的有 45 个,比上年增加 1 个,完成货邮吞吐量占全部机场货邮吞吐量的 98.81%;北京、上海和广州三大城市机场货邮吞吐量占全部机场货邮吞吐量的 57.25%。广州白云机场的货运能力居全国第三位,且增长速度迅猛,显示出强劲的竞争能力。

表 8-16 2009 年中国主要城市机场货邮吞吐量比较

机场	名次	2009 年	全国占比%	2008 年	同比增长%
全国		9,455,645.2	100.00%	8,833,590.1	7.0
北京/首都	2	1,475,656.8	15.61%	1,367,710.3	7.9
广州/白云	3	955,269.7	10.10%	685,867.9	39.3
上海/浦东	1	2,543,393.6	26.90%	2,603,027.0	-2.3
上海/虹桥	5	439,071.9	4.64%	415,726.3	5.6
重庆/江北	11	186,005.9	1.97%	160,256.4	16.1

天津/滨海	12	168,103.1	1.78%	166,558.1	0.9
深圳/宝安	4	605,469.2	6.40%	598,036.4	1.2
成都/双流	6	373,515.0	3.95%	373,067.3	0.1
昆明/巫家坝	7	258,755.3	2.74%	236,347.7	9.5
西安/咸阳	14	127,000.2	1.34%	117,084.5	8.5
杭州/萧山	8	226,307.9	2.39%	210,793.0	7.4
厦门/高崎	10	196,025.1	2.07%	195,462.9	0.3
武汉/天河	17	101,874.7	1.08%	89,852.8	13.4
长沙/黄花	18	86,995.0	0.92%	71,151.9	22.3
南京/禄口	9	200,099.0	2.12%	187,604.1	6.7
青岛/流亭	13	135,364.4	1.43%	130,450.2	3.8
大连/周水子	15	125,832.0	1.33%	129,388.1	-2.7

数据来源：《2009年全国机场生产统计公报》，中国民航局 www.caac.gov.cn（2010 -02 -05）。

从国际机场比较来看，国际机场协会（ACI）于2010年8月13日发布的2009年度全球机场交通报告显示，2009年度全球十大高增长机场中，中国占了八席，而且全部为二线城市机场。其中，武汉机场以38.6%的增幅排名世界第三、中国第一。该机场去年完成旅客吞吐量1275.6万人次。紧随其后的是长沙、三亚和成都机场，增幅均超过三成；然后是西安、重庆、郑州和南京机场，增幅均超过两成。其中成都机场是旅客吞吐量超过两千万人次的大型机场。广州的旅客吞吐量在全球排第23位，与东京、香港、曼谷、新加坡等亚洲地区国际航空枢纽城市差距较大，甚至落后于印尼的雅加达，广州的国际航空枢纽地位有待进一步增强。

表 8-17　2009 年国际机场旅客吞吐量比较①

Rank 排名	City（Airport）城市（机场）	Total Passengers 旅客吞吐量	% Change 增长率%
1	亚特兰大 ATLANTA GA, US（ATL）	88 032 086	(2.2)
2	伦敦 LONDON, GB（LHR）	66 037 578	(1.5)
3	北京 BEIJING, CN（PEK）	65 372 012	16.9
4	芝加哥 CHICAGO IL, US（ORD）	64 158 343	(6.1)
5	东京 TOKYO, JP（HND）	61 903 656	(7.2)
6	巴黎 PARIS, FR（CDG）	57 906 866	(4.9)
7	洛杉矶 LOS ANGELES CA, US（LAX）	56 520 843	(5.5)
8	达拉斯 DALLAS/FORT WORTH TX, US（DFW）	56 030 457	(1.9)
9	法兰克福 FRANKFURT, DE（FRA）	50 932 840	(4.7)
10	丹佛 DENVER CO, US（DEN）	50 167 485	(2.1)
11	马德里 MADRID, ES（MAD）	48 250 784	(5.1)
12	纽约 NEW YORK NY, US（JFK）	45 915 069	(4.0)
13	香港 HONG KONG, HK（HKG）	45 558 807	(4.8)
14	阿姆斯特丹 AMSTERDAM, NL（AMS）	43 570 370	(8.1)
15	迪拜 DUBAI, AE（DXB）	40 901 752	9.2
16	曼谷 BANGKOK, TH（BKK）	40 500 224	4.9
17	拉斯维加斯 LAS VEGAS NV, US（LAS）	40 469 012	(6.3)
18	休斯敦 HOUSTON TX, US（IAH）	40 007 354	(4.1)
19	菲尼克斯 PHOENIX AZ, US（PHX）	37 824 982	(5.2)
20	三藩市 SAN FRANCISCO CA, US（SFO）	37 338 942	0.3
21	新加坡 SINGAPORE, SG（SIN）	37 203 978	(1.3)
22	雅加达 JAKARTA, ID（CGK）	37 143 719	15.2
23	广州 GUANGZHOU, CN（CAN）	37 048 712	10.8

① 数据来源：国际航空协会，http：//www. aci. org/：August 5 2010。

第八章 广州现代服务业龙头企业竞争力评价

24	夏洛特 CHARLOTTE NC, US (CLT)	34 536 666	(0.6)
25	迈阿密 MIAMI FL, US (MIA)	33 886 025	(0.5)
26	罗马 ROME, IT (FCO)	33 723 213	(4.0)
27	奥兰多 ORLANDO FL, US (MCO)	33 693 649	(5.5)
28	悉尼 SYDNEY, AU (SYD)	33 451 383	0.4
29	纽瓦克 NEWARK NJ, US (EWR)	33 399 207	(5.6)
30	慕尼黑 MUNICH, DE (MUC)	32 681 067	(5.4)
Airports participating in the ACI annual traffic statistics collection.			
Total Passengers: total passengers enplaned and deplaned, passengers in transit counted once.			

数据来源：中国民航局 www.caac.gov.cn (2010-02-05)。

广州的货邮吞吐量全球排名第21位，与香港、首尔、东京、台北等亚洲地区国际航空城市差距较大，也落后于泰国的曼谷。

表8-18 2009年国际机场货邮吞吐量比较

Rank 排名	City (Airport) 城市（机场）	Total Cargo 货邮吞吐量	% Change 增长率%
1	孟菲斯 MEMPHIS TN, US (MEM)	3 697 054	0.0
2	香港 HONG KONG, HK (HKG)	3 385 313	(7.5)
3	上海 SHANGHAI, CN (PVG)	2 543 394	(2.3)
4	首尔 INCHEON, KR (ICN)	2 313 001	(4.6)
5	巴黎 PARIS, FR (CDG)	2 054 515	(9.9)
6	安克雷奇 ANCHORAGE AK, US (ANC)	1 994 629	(15.0)
7	路易斯维尔 LOUISVILLE KY, US (SDF)	1 949 528	(1.3)
8	迪拜 DUBAI, AE (DXB)	1 927 520	5.6
9	法兰克福 FRANKFURT, DE (FRA)	1 887 686	(10.6)
10	东京 TOKYO, JP (NRT)	1 851 972	(11.8)
11	新加坡 SINGAPORE, SG (SIN)	1 660 724	(11.9)
12	迈阿密 MIAMI FL, US (MIA)	1 557 401	(13.8)

13	洛杉矶 LOS ANGELES CA, US (LAX)	1 509 236	(7.4)
14	北京 BEIJING, CN (PEK)	1 475 649	8.1
15	台北 TAIPEI, TW (TPE)	1 358 304	(9.0)
16	伦敦 LONDON, GB (LHR)	1 349 571	(9.2)
17	阿姆斯特丹 AMSTERDAM, NL (AMS)	1 317 120	(17.8)
18	纽约 NEW YORK NY, US (JFK)	1 144 894	(21.2)
19	芝加哥 CHICAGO IL, US (ORD)	1 047 917	(17.1)
20	曼谷 BANGKOK, TH (BKK)	1 045 194	(10.9)
21	广州 GUANGZHOU, CN (CAN)	955 270	39.3
22	印第安那波利斯 INDIANAPOLIS IN, US (IND)	944 805	(9.2)
23	纽瓦克 NEWARK NJ, US (EWR)	779 642	(12.1)
24	东京 TOKYO, JP (HND)	779 118	(8.3)
25	卢森堡 LUXEMBOURG, LU (LUX)	628 667	(20.2)
26	大阪 OSAKA, JP (KIX)	608 876	(28.0)
27	深圳 SHENZHEN, CN (SZX)	605 469	1.2
28	吉隆坡 KUALA LUMPUR, MY (KUL)	601 620	(9.9)
29	达拉斯 DALLAS/FORT WORTH TX, US (DFW)	578 906	(11.3)
30	孟买 MUMBAI, IN (BOM)	566 368	1.3
Airports participating in the ACI Annual Traffic Statistics Collection.			
Total Cargo: loaded and unloaded freight and mail in metric tonnes.			
ANC data includes transit freightt.			

数据来源：中国民航局 www.caac.gov.cn（2010-02-05）。

伴随着经济全球化的趋势，世界民航业正在发生一系列重要变化。全球航空公司加速整合，航空公司联盟化、多枢纽的超级承运人已成为潮流。低成本航空公司诞生、发展、壮大，新的业务模式和旅客消费行为变化，驱动低成本航空公司向长航线进军。尤其值得注意的是，全球最大的机场均是枢纽机场，全球大型航空公司都是枢纽网络型航空公司。目前，日本、韩国、泰国、新加坡等地的机场，都在为确立亚太的国际枢纽地位进行着激烈的竞争。这些机场都在努力构建或已初步形成了国际枢纽地位,在人流、物流等方面,开始形成了强大的聚集和辐射优势。同样,国内区域经济的快速发展,机场的发展、服务水平与竞争力,事实上已成为提升产业层次、改善区域投资软环境的重要内容。因此,为了确保人流和物流在我国与世界范围内快速流动,需要进一步加快枢纽机场和重要支线机场、空管设施建设,需要进一步提升大型枢纽机场的国际竞争力,以适应世界民航业发展的变化。

六、房地产龙头企业竞争力比较

改革开发初期,中国商品房改革首先在广州进行试点。东湖新村是全国第一个商品住宅项目。以东湖新村为起点,广州房地产业蓬勃发展起来。截至到 2010 年 4 月,广州市共有房地产开发经营、物业管理、房地产中介等各类企业 10688 家,在国内各大城市中居于前列。随着广州房地产市场竞争日益激烈,大量房地产企业不断出现,又不断地消亡,最终存留下来一批在国内具有较强竞争力和较大影响力的房地产龙头企业,这些企业在全国各大城市"攻城掠地",扩大企业规模和占领国内市场。部分房地产开发企业在香港上市,以其良好的经营管理和业绩获得投资者和投资机构认可。

广州房地产产业集中度不高,除几个大型企业外,绝大多数企业之间竞争力和实力此消彼长。关于广州房地产业龙头企业认定,各权威部门和机构有不同研究标准,做出各自房地产企业排行榜。广州房地产协会、国土资源和房屋管理局、统计局、物价局等相关部门联合评出"2007—2008年度广州房地产企业综合实力三十强",处在前面的企业有:富力、保利、碧桂园、合景泰富、合生创展、雅居乐、恒大等。这是基于广州市场的研究，存在一定局限性。根据广东省社会科学院管理与决策科学研究所举办的"第七届（2010年）中国广州竞争力论坛"，合生、富力、碧桂园、雅居乐、保利、恒大等十家房企入选"2009年度中国广州房地产企业综合实力10强"。从各评价结果来看，处于排行榜前面的企业差别不大，主要是富力、合生、恒大、碧桂园等企业。

房地产企业成长基础是本地市场，进一步发展却要依赖于区外市场。因此，房地产企业的竞争力体现在本地市场，但更主要体现在对国内市场的争夺上。

首先，广州房地产龙头企业在广东省具有较强的竞争力。广东省社科院和省情调查研究中心建立"企业规模、企业净利润、所有者权益、土地存量和税收"等指标评估框架，对广东省房地产企业竞争力进行研究。根据研究结果，2009年广东房地产企业竞争力20强中，广州有8家，主要包括富力、合生、恒大等企业。

其次，广州房地产龙头企业在国内也具备较强的竞争力。由中国房地产业协会、国务院发展研究中心企业研究所、清华大学房地产研究所和中国指数研究院四家单位共同主办的"中国房地产百强企业研究"，自2004年来已连续进行了七年，引起了社会各界的广泛关注，相关研究成果已经成为评判房地产企业经营实力及行业地位的重要标准。根据该课题组2010年度研究报告表明，广州房地产企业在各评价体系中占有重要地位（见表8-19）。

表8-19 国内主要城市房地产龙头企业竞争力比较

城市 指标	广州	北京	上海	深圳	杭州
综合实力（十强）	3	2	1	2	1
企业规模（十强）	1	4	1	2	1
盈利水平（十强）	2	2	1	2	2

成长性（十强）	0	2	2	0	1
稳健性（十强）	0	2	4	1	0
运营效率（十强）	1	2	2	1	1
社会责任（十强）	1	2	1	2	0

资料来源：《2010年中国房地产百强研究报告》，中国房地产协会、国务院发展研究中心企业研究所等撰写。

通过与国内其他城市比较，广州房地产龙头企业综合实力（竞争力）具有较强优势，国内房地产综合实力较强的前十家企业，广州占有三个。具体而言，广州房地产龙头企业竞争力优势主要表现在企业规模、盈利性、运营效率和社会责任等方面。从企业规模来看，富力地产股份有限公司在企业资产总规模、房地产业务收入和房屋销售面积等方面优势较强，在全国房地产企业中居第六位。从企业营利性来看，合生创展公司和合景泰富公司在企业净利润、总资产收益率和净资产收益等方面表现出色，居国内房地产企业前十名。从企业运营效率来看，恒大地产在总资产周转率、存货周转率等方面运行良好，位居全国房地产企业百强中第二。从社会责任来看，恒大税收贡献较强，被评为年度社会责任感最佳企业之一。

广州房地产龙头企业竞争力存在两点隐忧：一是企业成长性（或可持续发展能力），表现在企业业务收入增长率和销售面积增长率方面，这两个增长率具有不稳定性，波动性大；二是企业经营稳定性不足，主要是在资产负债率和预收账款等方面表现较差，这在一定程度上影响了企业的抗风险能力。

七、金融龙头企业竞争力比较

金融业主要包括银行业、证券业和保险业等。广州保险市场规模大，但广州没有本地保险企业(总部设在广州),在广州保险市场运营的是外地保险企业分支机构。因而,在进行广州金融龙头企业竞争力比较分析时,只讨论银行业和证券业龙头企业竞争力。

(一) 银行业龙头企业竞争力比较

广州信贷业务市场规模大,在国内仅次于北京和上海(表8-20)。2009年广州人民币存款余额达2.04万亿,贷款余额达1.26万亿,存贷款余额远超天津、深圳和重庆等。庞大的信贷业务市场吸引了众多中外银行进驻广州,广州银行业竞争激烈。由于各种因素,广州本地银行发展相对缓慢,具有全国影响力的银行非常少。在广州银行(包括本地银行和总部设在广州的银行)中,就综合竞争力而言,广发银行和广州商业银行是龙头企业。

表8-20 广州与国内主要城市2009年人民币存贷款余额比较

指标\城市	上海	北京	广州	深圳	天津	重庆
存款余额(万亿)	3.99	5.34	2.04	1.69	1.39	1.09
贷款余额(万亿)	2.41	2.48	1.26	1.16	1.12	0.88

资料来源:各城市统计网站。

广发银行在全国银行中具有一定竞争力,而广州商业银行竞争力比较弱。国务院发展研究中心金融研究所、中国社科院金融研究中心、《银行家》杂志等机构联合研究和发布的"中国商业银行竞争力排名"具有一定权威性。根据其2010年研究报告,在国有和股份制商业银行综合竞争力排名中,广东发展银行居全国第14位。其中,就单项指标而言,在市场影响力方面,广东发展银行居第11位;在资本充足性、资产质量及安全性、盈利能力方面,广东发展银行居第12位;在流动性管理方面,广东发展银行居第10位;在人力资源竞争力、国际市场竞争力,广东发展银行居第9

位；在科技竞争力、金融创新竞争力、服务质量竞争力、公司治理竞争力和内控机制竞争力方面，广东发展银行居14位。广州商业银行作为城市商业银行，在国内综合竞争力排名靠后。从单项指标来看，在市场规模方面，广州商业银行居全国第5，但在流动性管理、资本充足率、资产质量与安全性等方面进不了前50位。即便与泛珠三角区域城市商业银行比较，广州商业银行竞争力仍存在明显劣势。在该区域12家商业银行中，广州商业银行综合竞争力居第9；在分项指标中，市场规模指标表现良好，排在第2位，但资本充足性、资产质量、流动性管理和盈利能力等指标表现较差，分别居第9、10、5和11位。

通过上面比较可以发现，广州银行龙头企业综合竞争力在国内不具有优势，综合竞争力比较强的国有银行、股份制银行和城市商业银行主要集中在北京、上海和深圳。具体而言，广州银行龙头企业竞争优势主要表现在市场规模和市场影响力方面，市场影响力则集中体现在广州本地市场和国外市场。但是，在资产规模及结构、创新、盈利和经营管理等方面明显存在一定缺陷，这些因素制约了企业竞争力提高。

（二）证券业龙头企业竞争力比较

广州证券公司数量不多，主要有广发证券、广东证券、广州证券、万联证券和民安证券等5家公司。除开广发证券在全国有较大竞争力和影响力外，其他证券公司竞争力相对弱。

中国证券业协会对国内证券公司竞争力进行了排名（表8-21），主要指标包括资产、盈利、业务规模和成长性指标等。在总资产规模方面，前十家证券公司中，北京有3家，上海有3家，深圳有3家，广州有1家（广发证券），在前100家证券公司中，广州证券和万联证券分别处于第59和63名；在公司营业收入方面，前十家证券公司中，北京有2家，上海有3家，深圳有3家，广州有1家（广发证券居第4位），南京有1家；在公司净利润方面，前十家证券公司中，北京有1家，上海有4家，深圳有3

家,广州有1家(广发证券居第4位),南京有1家,在前106家证券公司中,广州证券和万联证券分别处在第69位和73位;在成本管理能力方面,广州没有一家证券公司进入前20名。关于证券公司创新方面,2004年广发证券被列为证券创新试点,从2005年到现在没有其他证券公司向中国证券业协会提出从事相关创新活动申请。

表8-21 国内主要城市证券龙头企业竞争力比较(2009年)

城市 指标	北京	上海	深圳	广州	天津	重庆
总资产规模前十名	3	3	3	1	0	0
营业收入前十名	2	3	3	1	0	0
净利润前10名	1	4	3	1	0	0
成本管理能力前20名	2	1	2	0	0	0

资料来源:中国证券业协会网站 http://www.sac.net.cn/。

与国内主要城市比较(表8-21),广州证券业龙头企业综合竞争力要远远落后于上海、北京和深圳,这主要是政策和市场环境造成的,上海有上交所,深圳有深交所,北京有众多金融总部;但是,广州证券业龙头企业综合竞争力比重庆和天津等国家中心城市证券企业强。

广州证券业龙头企业竞争力具有几方面特点:第一,资产规模在全国业内处于中上水平,具有一定的规模效应;第二,营业收入高,但成本管理能力差,影响公司净利润水平,广州证券和万联证券营业收入与公司净利润排名不匹配,营业收入排名相对靠前,而净利润排名靠后,其根本原因是成本控制能力差,造成营运成本高;第三,公司创新能力不足,影响业务成长性和公司可持续发展。

第九章

广州现代服务业国际竞争力评价

一、服务业国际竞争力概念及指标选择

国际竞争力研究始于古典经济学。亚当·斯密（A. Smith，1776）提出绝对优势的概念，认为不同国家基于生产绝对优势建立起来的国际分工体系，对双方贸易都有好处；大卫·李嘉图（D. Richardo，1817）提出比较优势的概念，认为国家贸易的基础是生产技术的相对差别，每个国家应该根据"两利相权取其重，两弊相权取其轻"的原则，集中生产并出口其具有"比较优势"的产品，进口其具有"比较劣势"的产品。赫克谢尔－俄林（Heckseher-Ohlin）的要素禀赋论进一步发展了绝对优势和相对优势

理论。要素禀赋论认为，各国生产的产品之所以存在相对成本高低的差异，主要是由于各国所拥有的土地、资本、劳动力等生产要素存在相对充裕或相对稀缺的差别。二战后，随着国际贸易快速发展，国际竞争力理论越来越丰富。哈佛大学迈克尔·波特（M. Porter，1990）的"国家竞争优势模型"是较有影响力的国际竞争力理论之一。波特认为，一国的货物贸易国际竞争力应当由要素条件、需求条件、相关产业与支持产业、企业组织战略与竞争状态等四类基本要素和发展机遇、政府扶持等两类辅助要素综合作用形成。

20世纪80年代中后期以来，贸易自由化倾向越来越明显，国际服务贸易理论研究重点开始转向对服务业竞争力的研究，并试图将货物贸易的一些研究方法和框架应用到服务贸易研究上。A. Sapir（1982，1986）较早地验证了比较优势对于服务贸易的适用性，得出物质资本丰裕的国家在运输服务部门具有比较优势，而人力资本丰裕的国家在保险、专利等服务部门拥有比较优势，并通过对工程服务贸易的实证研究，肯定了比较优势的动态性。关于服务业国际竞争力评价指标方面，B. Hoekman 和 G. Karsenty（1992）运用显示性比较优势指标（RCA指数，该指数最早由美国经济学家 Balassa Bela 在1965年提出）分析了不同收入水平国家在服务贸易上的比较优势。部分经济学家还对国际贸易增长较快的服务业行业竞争力进行了研究，如保险业竞争力研究（Hardwich，1998）、建筑服务业竞争力研究（Soubra Yehia，1993），知识密集型服务业竞争力研究（Windrum & Tomlinson，1999）等等。总的来看，关于服务业国际竞争力研究，西方学者并没有提出一个具有权威性的指标体系。他们所采用过的指标包括显示性比较优势指数（RCA指数）、相对贸易指数（RTA指数）、净出口显性优势指数（NRCA指数）、贸易专业化指数（TSC指数）等等。

我国国内关于服务贸易竞争力研究开始于21世纪，研究范式主要借鉴国外。学者主要利用各种指标体系来测度中国服务贸易竞争力的现实水平，并对影响中国服务贸易竞争力的因素进行分析。关于服务业国际竞争力指标研究，赵书华（2006）从进出口总额、国际市场占有率、进出口行业结构和比较优势等方面进行论述北京服务业国际竞争力；林珊（2008）从服务贸易净出口指数、服务贸易竞争力指数和显性比较优势指数等三个指标来分析福建服务业国际竞争力；殷凤（2009）用服务出口额、服务进口额、国际市场占有率、服务出口占贸易出口总额的比重、服务贸易竞争优势指数、显示比较优势指数和显示性竞争优势指数等7个指标来建构服务业国际竞争力评价指标体系；等等。关于服务业国际竞争力影响因素研究，盛斌（2002）、谭小芬（2003）和陈凯（2006）从国际服务贸易自由化以及中国服务业市场对外开放的角度展开对中国服务贸易竞争力的研究；王小平（2003、2004）从探寻服务业竞争力源泉的角度对中国服务贸易的基本特征和国际竞争力进行了分析；丁勇、朱彤（2007）对中国服务贸易竞争力进行了国际比较研究；等等。

综观已有研究：有关服务贸易竞争力的研究还比较分散，尚未形成一个相对统一的分析框架，实证研究方法也相对单一，选用的测评指标大多为外显性指标，如贸易竞争力指数（TC指数）和显示性比较优势指数（RCA指数）等；总体分析较多，服务贸易结构性等其他国际竞争力特征分析不足，且由于样本和数据选择的不同，所得出的结论差异较大；从分析方法来看，静态分析较多，尚缺乏对比较指数稳定性及变动趋势的考察。结合他人研究，笔者认为，服务业国际竞争力是服务业在国际市场占有份额、市场交易影响力以及增长潜力等综合因素的体现。在评价城市现代服务业国际竞争力水平时，既要考虑指标数据的可获得性，也要考虑定量分析与定性分析相结合。因此，分析广州现代服务业国际竞争力状况，本书主要采用5个指标来评价：显示性比较优势指数、服务贸易专业化指数、国际市场占有率、离岸服务外包和定价权。

二、广州现代服务业国际竞争力指标分析

(一) 显示性比较优势

显示性比较优势(Revealed Comparative Advantage)是用来分析一个国家(或地区)某一产业贸易的比较优势(或专业化优势),主要采取出口指标来评价。显示性比较优势系数,即显示比较优势指数(Revealed Comparative Advantage Index,简称 RCA),是美国经济学家贝拉·巴拉萨(Balassa Bela)于 1965 年测算部分国际贸易比较优势时采用的一种方法。RCA 是一个相对指标,其计算公式为:

$$RCA_{ij} = \frac{X_{ij}/X_{it}}{X_{wj}/X_{wt}}$$

其他,RCA_{ij} 为 i 国 j 产品的显示比较优势

X_{ij} 为 i 国 j 类产品的出口值

X_{it} 为 i 国全部产品的出口值

X_{wj} 为世界上第 j 种产品的出口值

X_{wt} 为世界上所有产品的出口总产值

RCA 也可以用来分析一个城市服务业的国际竞争力。根据国际经验,RCA > 2.5,则表明该城市服务业具有极强的竞争力;1.25 ≤ RCA ≤ 2.5,则表明该城市服务业具有较强的国际竞争力;0.8 ≤ RCA ≤ 1.25,则表明该城市服务业具有中度的国际竞争力;RCA < 0.8,则表明该城市服务业竞争力弱。

根据统计资料,1997 - 2006 年我国服务贸易的 RCA 指数平均值为 0.54,最高不超过 0.8,始终徘徊在 RCA < 0.8 的区间。2008 年我国 RCA

指数为 0.49，进入新世纪以来，我国货物贸易竞争力进入了一个所谓"黄金发展期"，但服务贸易竞争力却呈现一定程度的弱化趋势，这表明我国服务贸易仍高度缺乏比较优势。

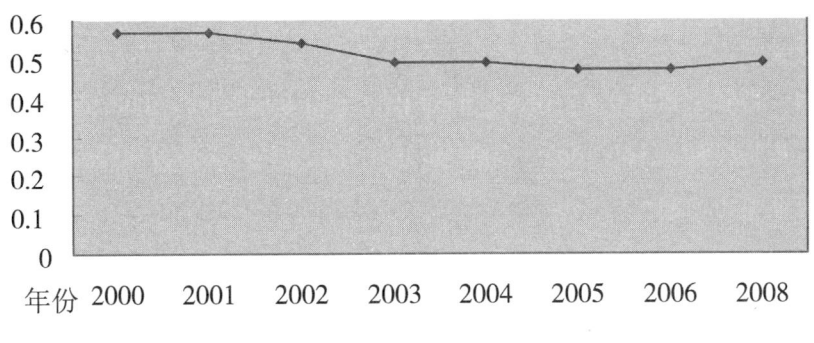

图 9-1　我国服务贸易 RCA 指数（2000 – 2008 年）

数据来源：根据《中国统计年鉴 2009》相关数据计算所得。

与全国整体水平相比，广州 RCA 指数要高，2008 年该指标为 0.78，明显高于全国水平，但仍低于最低界限值 0.8，这表明广州服务业在国际上仍缺乏比较优势，其服务产业国际竞争力有待进一步提高。

(二) 服务贸易专业化水平

服务贸易专业化水平是用来评价一个国家（城市）服务业（或某服务行业）专业化水平或者在国际市场上的绝对竞争力。该指标与显性比较优势比较，考虑到服务进口因素的影响，采用服务净出口来衡量服务贸易的国际竞争力。该指标主要采取贸易专业化指数（Trade Specialization Coefficient，简称 TSC）。贸易竞争优势指数的计算公式：TSC 指数 =（出口 – 进口）/（出口 + 进口）。TSC 指数可以弥补 RCA 指数只考虑出口忽视进口影响的缺陷。其取值范围为（-1，1）。如果 TSC 指数大于零，表明该类商品或服务具有较强的国际竞争力，越接近于 1，竞争力越强；TSC 指数小于零，则表明该类商品或服务不具国际竞争力；指数为零，表明此类商品或服务为产业内贸易，竞争力与国际水平相当。

1997年-2006年，我国服务贸易TSC指数呈上升趋势，由1997年的-0.26上升到2006年-0.17，但数值一直小于零。因而，从总体上来说，我国服务贸易不具有竞争优势。广州TSC指数2008年约为0.27，2009年约为0，这表明，广州服务业国际竞争力仍处于全球的平均水平左右，远低于发达国家。

表9-1 上海、北京、广州及全国TSC指数比较

	广州	北京	上海	全国
2008年	0.27	-0.23	-0.12	-0.04
2009年	0	-0.21	-0.13	-0.10

数据来源：上述数据是根据各城市及全国服务贸易统计数据计算所得。

与北京、上海相比，广州的TSC指数略高，并不能表明广州服务业专业化水平高于这两个城市，这是因为国内其他区域的服务进口是通过上海和北京进行的，特别是相当比例的文化产品（电影版权等）进口是通过北京实现的。与全国来比，广州服务业专业化水平略高于一般水平，即广州服务业国际竞争力在国内还是居于前列。

从动态来看，我国TSC指数处于上升趋势，而广州该指数近两年有所回调，这表明广州服务业国际竞争力有弱化倾向。

（三）国际市场占有率（MS）

显示比较优势指数和贸易专业化指数是相对量指标，从结构上表征服务业比较优势。要反映一个城市服务业的国际竞争力，既要有相对量指标，又要有绝对量指标。服务出口额是一个重要的绝对量指标。服务出口额反映了城市服务业服务供给能力及该城市服务产品在国际市场上的竞争能力，服务出口额越高，则城市服务竞争力越强。国际市场占有率通常用来分析一国某产业或产品国际竞争力，计算公式为：国际市场占有率=一国出口总额/世界出口总额。

由于城市服务出口规模有限,在世界服务出口总额中占比较小,可以考虑用城市服务出口额占全国服务出口总额的比重来替代 MS,间接反映城市服务国际竞争力。近几年来,我国服务国际竞争力逐步提高,服务贸易规模不断扩大。2008 年我国服务贸易进出口总额达 3044.5 亿美元,增长 21.3%;世界贸易服务进出口总额为 7.2 万亿美元,增长 11%。其中,我国服务贸易出口额居世界第五。

在我国服务业发达的主要城市中,上海和北京服务贸易规模最大,广州服务贸易规模相对较小。上海服务贸易规模居全国首位。2008 年上海服务贸易规模达到 735.7 亿美元,同比增长 31.6%,约占全国服务贸易总额的 24.2%。上海服务贸易规模与新加坡和香港不断接近。2000 年香港和新加坡服务贸易进出口额分别是上海的 8.2 倍和 7.2 倍,2008 年这个数据分别降至 1.83 倍和 2.01 倍。北京服务贸易规模居全国第二位。2008 年北京市服务贸易总额超过 600 亿美元,增速为 20%,在全国服务贸易总额中约占 19.7%。广州虽然是全国经济实力排名仅次于京沪的发达城市,但其服务出口规模远远落后于京沪两市。2008 年广州服务贸易出口额约为 75 亿美元,仅占全国服务贸易出口规模的 5.1%,与京沪完全不在一个档次上。

(四) 离岸服务外包

离岸服务外包是当前国际服务贸易发展的新方向。中国由于劳动力成本低及科技人才进步,逐渐成为国际服务外包市场引人瞩目的新兴力量。服务外包产业是现代高端服务业的重要组成部分,离岸服务外包是服务业积极参与国际市场竞争和争取国际服务市场份额的重要体现,因此,离岸服务外包承接规模在很大程度上体现了一国或地区服务业的国际竞争力。

中国离岸服务外包业发展迅速。根据商务部统计,2009 年中国共签订服务外包合同 60247 份,同比增长 142.6%;合同协议金额 200 亿美元,同比增长 185.6%;离岸外包合同协议金额 148 亿美元,同比增长

153.9%。从区域来看，离岸服务外包区域分工趋势明显。根据毕马威的调查，珠三角服务外包主要集中在面向香港和东南亚的软件与信息服务外包、工业及动漫设计外包、现代物流供应链管理服务外包三大方面；长三角的服务外包类型，则集中在金融后台服务外包业务、制造业配套服务外包业务和动漫创意外包方面；环渤海湾地区服务外包类型，具体集中在制造业配套服务外包业务、政府服务及其他服务业相关的服务外包业务。

近几年来，广州离岸服务外包保持快速增长势头。2009年广州离岸合同额5.92亿美元，同比增长173%；离岸执行额3.38亿美元，同比增长98%，其中45%的服务外包来自香港地区。2010年上半年以来，广州离岸外包合同额超过15亿美元，增长1.5倍以上；离岸执行额超过10亿美元，增长2倍以上。

与国内其他主要城市比较，广州离岸服务外包业务规模依然偏小，占全国比重较低。2009年广州离岸外包合同额在全国服务外包业发达的主要城市中居于落后的地位（见表9-2），上海和北京离岸外包合同额约为广州的2.7倍以上，深圳、苏州、南京、杭州离岸外包合同额约为广州的2倍以上，即便是离岸外包发展比较落后的天津，其合同额也比广州高出1.1亿美元。

表9-2 2009年国内主要城市离岸服务外包水平比较

城市 指标	上海	北京	深圳	天津	苏州	广州	大连	无锡	南京	杭州
离岸外包合同额（亿美元）	16.83	16.1	12.8	7.0	13.98	5.92	10.5	10.67	13.51	11.37
离岸外包合同额占全国比重（%）	11.4	10.9	8.6	4.8	9.4	3.2	7.1	7.2	9.1	7.7
服务外包从业人员（万人）	10	10	6	3	8.9	2.3	6	—	7	6

2009 中国服务外包企业最佳实践 50 强（家）	8	16	3	2	2	1	4	1	1	3
2009 中国服务外包最佳园区全国十强数（家）	1	1	0	1	3	0	1	0	0	0

资料来源：据"中国服务外包网"有关城市离岸外包情况材料整理；2009 中国服务外包企业最佳实践 50 强数，根据"2009 中国服务外包企业最佳实践 50 强排行榜"整理统计；2009 中国服务外包最佳园区全国十强数，根据新华报业网 2010 年 5 月 16 日公布结果整理所得。注：大连离岸外包额仅包括"信息技术与软件服务"部分，不包括 BPO 和 KPO 部分。

（五）商品和服务定价权

定价权反映了行业内某交易价格对整个行业价格的影响。其表现形式为主导价格和标准价格，前者指对行业内其他交易价格具有示范性和指导性作用的交易价格，后者指成为行业内唯一交易价格的价格。一般而言，主导价格在交易中居于多数。当前，国际市场竞争的核心是定价权，定价权影响到贸易利润和贸易主体在国际贸易体系中的地位及其影响力。在国际贸易一些领域方面，中国虽然需求量及交易规模大，但只是成为价格的被动接受者。定价权成为国际商贸业核心竞争力之一。

国内大宗商品交易主要集中在上海、广州和北京等大城市。这些城市逐步形成各自在国内有较大影响力的价格体系，其中部分商品的交易价格在国际上具有重要影响。

广州初步形成了以燃油、塑料等 13 种商品价格为核心的"广州价格"体系。"广州价格"成为行业内交易参考的指导性价格，在国内外贸易领域中有重要的影响，存在向主导价格发展趋势。广州塑料交易所的塑料交易价格成为行业公认的权威价格，其编制的"广塑指数"已经成为塑料行业交易的"价格风向标"。黄埔燃油价格已经成为国际上石油交易重要参考价格之一，2004年，美国石油普氏公开市场（PLATTS）正式推出普氏"黄埔价格"，目的在于保证普氏公开市场的公开报价系统的科学性和权威性。"广州价格"有利于提升广州服务业的国际竞争力，推动广州向国际展贸中心、采购中心、结算中心、信息发布中心和行业信用中心发展。

上海商品交易种类多，交易规模大，"上海价格"影响力不断增强。上海有970个商品交易市场、10个大宗商品交易市场，贸易商品几十大类，上海期交所期货合约已有8种，但目前除了铜的"上海价格"成为国际铜市的重要风向标之一，其他产品在国际上几乎还没有体现出强大的价格话语权。

北京近年来开始提出构建"国际商贸中心"，其重要措施之一就是大力建设大宗商品市场，力图构建起具有国内和国际影响力的商品价格体系。北京主要的大宗商品交易市场包括全国棉花交易市场、兰格钢铁电子交易中心、北京石油交易所、国家粮食交易中心，等等。这些商品交易价格在国内具有一定的影响力，但在国际上的影响力还相对微弱。

表9-3 上海、北京和广州三大中心城市商品价格话语权比较

指标 城市	具有国内影响力的商品交易价格	具有国际影响力的商品交易价格
广州	燃油、塑料、金属、茶叶等13种商品	燃油、塑料
上海	燃油、天然橡胶、锌、铜、黄金、铝等6种商品	铜
北京	棉花、石油、钢铁、粮食	—

资料来源：各城市网站及相关期货交易所网站。

三、广州现代服务业国际竞争力评价

通过以上分析,关于广州现代服务业国际竞争力,可以得出三点结论:

第一,广州现代服务业国际竞争力迅速提高。这从显性比较优势指标、离岸服务外包和商品及服务定价权等指标可以看出,广州服务出口规模迅速扩大,广州价格国际影响力逐步提高,国际市场对广州服务认可程度不断提高。

第二,广州现代服务业专业化水平不显著。这可以从服务贸易专业化指数等指标分析出来。一方面广州服务出口规模不断扩大,另一方面产业内进口也在迅速扩大,这表明产业内贸易差并不是很突出。产业内贸易存在这样的情况,广州出口低端服务,进口附加值高的服务。

第三,沉没成本等因素影响广州现代服务业参与国际高端服务市场竞争,现阶段广州服务业国际竞争力的核心优势在于大量廉价的职业技术劳动力。着力发展离岸服务外包是广州现代服务业迈向国际化的重要途径,也是迅速提高其国际竞争力的重要突破口之一。

第十章

广州现代服务业竞争力影响因素的实证分析

一、影响广州的服务业发展水平的多因素分析

（一）影响服务业发展水平的主要因素及文献综述

17世纪的威廉·配第发现，随着社会经济的不断发展，社会生产的重心将逐渐由有形财物的生产转向无形的服务性生产。1691年，威廉·配第根据当时英国的实际情况指出：往往工业比农业，商业比工业的利润多得多，与此同时，劳动力必然由农转工，而后再由工转商。1940年，英国经济学家科林·克拉克在威廉·配第的关于收入与劳动力流动之间关系学说研究基础上，计量和比较了不同收入水平下，就业人口在三次产业中分布

第十章 广州现代服务业竞争力影响因素的实证分析

结构的变动趋势。后人将克拉克的发现称之为配第－克拉克定理。该定理把人类全部经济活动分为第一产业（农业）、第二产业（制造业、建筑业）和第三产业（广义的服务业）。经过经济大样本观察，配第与克拉克两位经济学家先后发现，随着人均国民收入水平的提高，劳动力首先从第一产业向第二产业转移，当人均国民收入水平进一步提高时，劳动力便向第三产业转移。

此后，越来越多的西方学者将发达国家服务业产值比重和服务业就业比重均普遍提高视为具有普遍意义的社会转型。贝尔①（1974）"后现代社会"和富克斯②（1968）"服务经济"都认为在经历工业化进程后，高度发达国家进入一个以服务业为主的新社会经济结构是社会经济发展的必然规律。随后的学者对服务业比重随 GDP 增长而增加做过尝试性解释。罗纳德·斯科特③（2001）认为，持续上升的成本和恒久的需求是造成服务业比重上升的重要原因。纳诺睦尔德④（2002）指出，由于 Engle 定律作用，服务业已逐步替代初级产品与制造业而成为最重要的需求增长点，由此最终需求结构的变化在经济演化过程中作用重大，并具体指出影响服务业发展的可能因素为人均收入与收入分配、人口与劳动力参与度的变化、城市化、政府角色的扩张、服务业中间需求的变化等。

国内对服务业发展状况进行研究的文献在 1997 年亚洲金融危机之后大量涌现，但绝大多数都是针对某省份服务业发展的时间序列数据进行实证

---

① "后工业社会"这一概念首先是由当代美国学者丹尼尔·贝尔（Daniel Bell）提出来的。与此相近的还有后来由阿米泰·艾特其奥尼所提出的"后现代社会"。后工业社会的起始时间大部分人认为是在 20 世纪 60－70 年代。按贝尔在其代表作《后工业社会的来临》（中译本为商务印书馆 1984 年出版）一书中所言，后工业社会经济将从产品生产经济转变为服务性经济。

② 自 20 世纪 50 年代以来，全球经济经历着一场结构性的变革，对于这一变革，美国经济学家维克托·福克斯（Victor R. Fuchs）在 1968 年称之为"服务经济"。

③ Thijs Ten Raa. Ronald Schettkat: The Growth of Service Industries: the Paradox of Exploding Costs and Persistent Demand，2001.

④ Nanno Mulder: Economic Performance in the Americas，2002.

性分析。何金耿（1999）建立江苏省第三产业比重与人均GDP的指数增长模型，并确认服务业发展的影响因素包括人均收入水平、分工水平、城市化水平以及政府的作用，但其忽略了服务业各分行业间由于存在显著差异而导致影响其发展的因素亦存在差异的现实。黄少军（2000）经过对相关国家服务业产值比重和经济发展关系的系统研究后得出：从经济发展史来看，服务业比重是逐步提高的，而从截面数据来看，服务业比重提高的趋势越来越明显。陈宝敏、张蕴如（2001）对南京服务业发展的总体状况、内部结构等进行分析，并分别对传统服务业和新兴服务业构造出不同的与GDP关系的回归方程，但其忽略了影响服务业和分行业发展的除经济发展水平以外的其他因素。魏作磊（2003）则专门计算广东省服务业内部各行业的就业增长弹性，并将其结果与美国服务业内部就业增长弹性作粗略比较，最后确认居民服务业、金融保险业、房地产业、公用事业、批发零售贸易餐饮业、卫生、体育等行业应作为广东省重点发展的行业，但该分析忽视了影响服务业和分行业发展的除劳动力以外的其他因素。黄维兵（2003）通过分析认为，市场发育是服务业增长的源泉、工业的快速增长为服务业发展创造条件、社会需求是服务业发展的重要原因、城市化则是服务业发展的助推器，指出影响一国服务业发展的主要因素包括：人均GDP、城市化水平、人口密度和服务业的输出状况。其中，人均GDP不仅代表经济发展水平，更代表需求水平，且更高的人均GDP水平或经济发展水平亦表明更高的市场发育程度；而城市化水平、人口密度和服务业输出等三项因素亦与经济发展、市场发育程度及其带来的需求水平提高密切相关。

魏作磊（2004）运用实证方法分析了服务业对我国就业的带动作用，认为服务业特别是传统服务业和新兴服务业是吸纳劳动力的主要行业。李江帆（2004）通过对第三产业比重的演变规律和发展趋势等方面分析，阐述了第三产业在国民经济中的战略地位。赵仁康（2004）在服务贸易自由化的，我国服务业开放不断扩大的背景下，我国服务市场竞争的新形势。

第十章 广州现代服务业竞争力影响因素的实证分析

江小涓（2005）阐述产业结构升级的重要意义和我国产业结构中存在的突出问题，并提出加快推进产业结构升级的主要任务。游士兵[①]（2006）应用灰色系统中的 GM（1，N）模型对影响服务业发展的诸因素进行定量分析后发现，经济发展水平、市场空间配置和服务业资源禀赋对服务业发展水平的影响较大，而市场开放度对服务业发展水平的影响较少。顾乃华、李江帆[②]（2006）借助随机前沿生产函数模型，使用面板数据，分析了我国服务业技术效率的区域差异及其对劳均服务业增加值区域不均衡的影响。研究表明，东、中、西部服务业技术效率存在显著差异，这加剧了我国服务业区域发展失衡现象；我国各省以及东、中、西三大地区的服务业技术效率之所以不均衡，关键原因在于其市场化进程不一致。林红[③]（2007）以服务贸易竞争力概念为逻辑起点建立服务贸易竞争力评价的指标体系、方法和模型，并对不同国家服务贸易竞争力进行实证研究。顾国达、张正荣[④]（2007）探讨了服务经济与国家竞争优势的关系，认为以研究性服务业、生产性服务业和消费性服务业为主的服务经济的发展规模、结构状况与发展水平已成为决定国家竞争优势的主导变量；一国的国家竞争优势的获得与维持更有赖于其服务经济的发展。丰志勇、刘瑞翔、陈燕（2008）建立了由经济发展水平、服务业发展规模、服务业发展水平、服务业发展智力支撑条件和服务业成长力5个指标以及19项影响因素对长三角16个城市服务业竞争力进行评价，并用全局主成分法确定权重，通过数据处理、建模计算出长三角16个城市服务业综合评价值。

---

① 游士兵. 服务业发展水平影响因素分析［J］. 中南财经政法大学学报，2006，（5）。
② 顾乃华，李江帆. 中国服务业技术效率区域差异的实证分析［J］. 经济研究，2006（01）。
③ 林红. 中国服务贸易竞争力研究［D］，西北大学2007年博士学位论文。
④ 顾国达，张正荣. 服务经济与国家竞争优势——基于波特"钻石模型"的分析［J］. 浙江大学学报（人文社会科学版），第37卷，第6期，2007（11）。

（二）服务业发展水平的多元回归模型

根据一般的服务业经济理论和数据的可获得性，主要考察影响广州服务业发展水平的四大因素：人均 GDP（PGDP）、城市化水平（URBAN）、人口规模（常住人口，POP）以及开放度（OPEN）。下面使用计量方法来分析影响广州服务业发展水平的主要因素，构建多元回归模型。

模型一：

$Y_v = \beta_0 + \beta_1 \times PGDP + \beta_2 \times URBAN + \beta_3 \times POP + \beta_4 \times OPEN + \varepsilon$

注：Y_v 表示服务业增加值占 GDP 比重

模型二：

$Y_l = \beta_0 + \beta_1 \times PGDP + \beta_2 \times URBAN + \beta_3 \times POP + \beta_4 \times OPEN + \varepsilon$

注：Y_l 表示服务业就业人员占总就业人员比重

进行多元回归后，模型的输出结果如下：

$Y_v = -31.035 - 1.543 \times PGDP + 1.124 \times URBAN + 0.023 \times POP - 0.100 \times OPEN$

及

$Y_l = 6.404 + 1.113 \times PGDP + 0.435 \times URBAN + 0.031 \times OPEN$

（2）各因素对广州服务业发展的影响

表 10-1 各因素对广州服务业发展的影响

因变量	人均 GDP	城市化水平	常住人口	开放度	调整 R2	F 统计量
Yv	-0.436※	0.870**	0.615**	-0.368**	0.909	53.240
Yl	0.422**	0.452**	0.089	0.153**	0.976	212.986

注：※表示在 10% 水平上显著，*表示在 5% 水平上显著，**表示在 1% 水平上显著。

开放度为外贸依存度和外资比例的加权平均值。

数据来源：1986~2007 年各年《广州统计年鉴》。

第十章 广州现代服务业竞争力影响因素的实证分析

(三) 模型统计检验

对服务业增加值计量模型（模型一）采用一次进入法，将四个自变量一次进入模型进行回归显示：

第一，拟合优度检验（R^2 检验）。R Square 即 R^2 为 0.926，调整的 R^2 为 0.909，服务业增加值占 GDP 比重 Yv 变异的 90.9% 可以用回归模型中选择的自变量的变异进行解释，回归方程对样本观测值的拟合度较好，也就是说因变量与自变量之间的相关程度较高。从本次研究的角度看，这一数值符合要求。

第二，方程显著性检验（F 检验）。方程显著性检验是对模型中因变量与自变量之间的线性关系在总体上是否显著成立作出推断。针对模型一，就是检验服务业增加值占 GDP 比重 Yv 与人均 GDP、城市化水平、人口规模（常住人口）以及开放度之间的关系是否显著。计算结果表明 F 等于 53.240，Significance F 等于 0.000，方程通过了 F 检验（显著性水平 α =0.05）。服务业增加值占 GDP 比重 Yv 至少与人均 GDP、城市化水平、人口规模（常住人口）以及开放度四个变量中的一个存在着线性关系。

第三，变量显著性检验（t 检验）。方程的总体显著性并不意味着所有自变量对因变量的影响都是显著的。t 检验就是对每个自变量进行显著性检验。结果显示，"人均 GDP" 在 10% 水平显著，"城市化水平"、"常住人口"、"开放度" 在 1% 水平上显著。变量全部通过统计上的显著性检验。

对服务业就业人员计量模型（模型二）采用一次进入法，将四个自变量一次进入模型进行回归显示：

第一，拟合优度检验（R^2 检验）。R Square 即 R^2 为 0.980，调整的 R^2 为 0.976，服务业就业人员占总就业人员比重 Yl 变异的 97.6% 可以用回归模型中选择的自变量的变异进行解释，回归方程对样本观测值的拟合度较好，也就是说因变量与自变量之间的相关程度较高。从本次研究的角度看,这一数值符合要求。

第二,方程显著性检验(F检验)。方程显著性检验是对模型中因变量与自变量之间的线性关系在总体上是否显著成立作出推断。针对模型一,就是检验服务业就业人员占总就业人员比重Yl与人均GDP、城市化水平、人口规模(常住人口)以及开放度之间的关系是否显著。计算结果表明F等于212.986,Significance F等于0.000,方程通过了F检验(显著性水平$\alpha = 0.05$)。服务业就业人员占总就业人员比重Yl至少与人均GDP、城市化水平、人口规模(常住人口)以及开放度四个变量中的一个存在着线性关系。

第三,变量显著性检验(t检验)。方程的总体显著性并不意味着所有自变量对因变量的影响都是显著的。t检验就是对每个自变量进行显著性检验。结果显示,"人均GDP"、"城市化水平"、"开放度"在1%水平上显著,但"常住人口"未能通过检验。除了"常住人口"外,其他变量全部通过统计上的显著性检验。

(四)经济意义检验与模型的再调整

(1)"人均GDP"是影响服务业就业人员比重的重要因素

模型计算显示,服务业增加值计量模型中,"人均GDP"对"服务业增加值占GDP比重"的影响是负的,并且在10%的显著性水平上明显不等于零。服务业就业人员计量模型中,"人均GDP"是重要的影响因素,并且在1%的水平上明显不等于零,是影响服务业就业人员比重的各个因素中影响权数排第二。

改革开放以来,广州市人均GDP增长速度远远大于服务业增加值占GDP比重,由于并没有将GDP进行平减,故其对后者的影响为互。如果将二者的关系放到国际城市对比考量,可发现,人均GDP越高,服务业增加值占GDP比重越大,二者是明显的正相关关系。处理的办法有两种:一是对人均GDP进行对数处理,二是对GDP进行平减化。调整的回归模型为:

第十章 广州现代服务业竞争力影响因素的实证分析

模型一：

$Yv = \beta_0 + \beta_1 \times LOG(PGDP) + \beta_2 \times URBAN + \beta_3 \times OPEN + \varepsilon$

注：Yv 表示服务业增加值占 GDP 比重

和

模型二：

$Yl = \beta_0 + \beta_1 \times LOG(PGDP) + \beta_2 \times URBAN + \beta_3 \times OPEN + \varepsilon$

注：Yl 表示服务业就业人员占总就业人员比重

（2）"城市化水平"影响最大，作用最明显

计算表明，无论是对"服务业增加值占 GDP 比重"还是对"服务业就业人员比重"，"城市化水平"都是影响最大，居各影响因素之首，而且在 1% 的显著性水平上明显不等于零。

与人均 GDP 不同的是，城市化水平与两个回归因变量在不同时期的变化是同一数量级的，因此，城市化水平对回归因变量的影响最为显著。

（3）"常住人口"是影响服务业增加值比重的第二大因素

"常住人口"是影响服务业增加值比重的重要因素，并且在 1% 的水平上显著。但在服务业就业人员计量模型中，"常住人口"的影响在统计上可以认为是零。常住人口对两个回归因变量的影响与人均 GDP 基本类似，将常住人口取对数后结果将更加合理。

（4）"开放度"是影响服务业就业人员比重的第三权重因素

"开放度"的作用力方向与"人均 GDP"一样，对"服务业增加值占 GDP 比重"的影响是负的，而对服务业就业人员比重的影响是正的。

（五）结论及解释

基于调整模型和统计数据，在 95% 的置信区间里，在模型的误差范围内，初步得出如下结论：

（1）提高城市化水平有利于服务业发展，无论是对提高服务业增加值占比，还是对提高服务业就业人员比重，都是有利的。在其他参数不变情

况下，城市化水平每提高 1 个百分点，则服务业增加值占比提高 0.5215 个百分点，服务业就业人员比重提高 0.1932 个百分点。通过协整回归模型，Granger 因果关系检验结果表明在滞后期为 2 期的情况下，广州城市化与服务业存在双向的因果关系：广州城市化对人均服务业增加值的正向作用明显高于人均服务业增加值对城市化的反向影响，两者之间存在长期的均衡关系。

（2）人均 GDP 增长有助于提高服务业就业，但服务业增加值比重并不一定随着人均 GDP 的增长而提高。调整前的模型在其他参数不变情况下，人均 GDP 每提高 1 万元，服务业增加值占比降低 1.543 个百分点，而服务业就业人员比重提高 1.113 个百分点。调整后的模型在其他参数不变情况下，人均 GDP（对数）每提高 1 个百分点，服务业就业人员比重提高 0.02626 个百分点，但服务业增加值占比仅提高 0.01304 个百分点。

（3）开放是把"双刃剑"，一方面提高开放度有利于服务业从业人员就业，另一方面适当的壁垒有利于提高服务业增加值占比。在其他参数不变情况下，开放度每提高 1 个百分点，服务业增加值比重降低 0.100 个百分点，而服务业就业人员比重提高 0.031 个百分点。

二、基于多个城市现代服务业发展水平的多因素分析

（一）多元回归模型变量选择与说明

在前述的多元回归模型中，由于只选择单一城市广州进行分析，且变量比较少。在本小节中，利用前面计算城市现代服务业综合竞争力所用的指标体系作为变量进行多元回归分析。由于一个城市由制造业为主向服

第十章 广州现代服务业竞争力影响因素的实证分析

业为主的发展演进的时间可能较长,因此前述方法只考虑广州30年的服务业演进进程显然难以把握全局。利用不同城市的同一时期来考察城市现代服务业的演变发展规律,基于这样的一个基本假设,即任何城市由制造业为主向以服务业为主的发展演变过程基本上是一致的,即城市现代服务业发展存在一种路径依赖。

国内外城市发展的经验表明:一个城市现代服务业发展水平的重要标志是该城市服务业增加值占GDP比重越来越高。因此,以城市服务业综合竞争力得分作为因变量,将其他15个变量作为自变量来构建多元回归模型。为了方便EVIEWS运算和结果显示,将中文回归变量改成英文字符,其对应关系如表10-2所示。

表10-2 多元回归变量的中英文对照

序号	中文变量	英文变量
1	服务业增加值	SvsAdd
2	服务业增加值所占GDP比重	SvsGDP
3	服务业就业人数	SvsEmp
4	总部经济发展能力指数	HeadQut
5	流通产业占第三产业比重	FlowInd
6	生产性服务业竞争力指数	ProdSvs
7	中国金融中心指数	FinCent
8	服务业劳动生产率	OutRate
9	行政服务效率指数	AdmRate
10	人均GDP	PGDP
11	服务业固定资产投资	FixAst
12	R&D占GDP比重	RndGDP
13	综合交通枢纽指数	ComTrans
14	近三年服务业平均增长速度	GorwthRat
15	全球联系度	FornLink
16	综合评价值	Competitiveness

（二）多元回归结果及简要分析

多元线性回归拟合优度 R2 为 0.999993，调整的 R2 为 0.999978，回归标准残差为 0.001186。杜宾－怀特 DW 检验值为 2.42（表 10－2）。由于杜滨－怀特统计量在 2－4 之间，表明序列存在负相关。

表 10－2 多元回归变量的中英文对照

因变量：COMPETITIVENESS				
最小二乘法				
样本总数：22				
自变量	回归系数	标准差	t－统计量	概率
SVSADD	0.096213	0.017760	5.417519	0.0010
SVSGDP	0.097975	0.004417	22.18338	0.0000
SVSEMP	0.013495	0.006909	1.953327	0.0917
HEADQUT	0.045399	0.013022	3.486362	0.0102
FLOWIND	0.016594	0.003909	4.245454	0.0038
PRODSVS	0.107092	0.004833	22.15674	0.0000
FINCENT	0.096576	0.011235	8.595998	0.0001
OUTRATE	0.136482	0.022217	6.143127	0.0005
ADMRATE	0.101576	0.005815	17.46753	0.0000
PGDP	0.047388	0.017016	2.784971	0.0271
FIXAST	0.050488	0.019628	2.572290	0.0369
RNDGDP	－0.043798	0.002260	－19.38334	0.0000
COMTRANS	0.104737	0.003080	34.00229	0.0000
GORWTHRAT	－0.099553	0.004130	－24.10325	0.0000
FORNLINK	0.088214	0.009563	9.224823	0.0000
R－平方	0.999993	变量均值		0.307000
调整 R－平方	0.999978	变量方差		0.252067
回归标准差	0.001186	赤池信息准则		－10.41863
残差平方和	9.84E－06	施瓦茨准则		－9.674738

第十章 广州现代服务业竞争力影响因素的实证分析

| 对数自然值 | 129.6049 | 杜滨－怀特统计量 | 2.418675 |

将广州服务业竞争力标准化（广州＝100），多城市现代服务业发展水平影响因素的多元线性回归模型：

$$-\text{COMPETITIVENESS} = 60.51107279 * \text{SVSADD} + 61.61922296 * \text{SVSGDP} + 8.487706944 * \text{SVSEMP} + 28.55312732 * \text{HEADQUT} + 10.4366793 * \text{FLOWIND} + 67.35317853 * \text{PRODSVS} + 60.73933755 * \text{FINCENT} + 85.83801262 * \text{OUTRATE} + 63.88414806 * \text{ADMRATE} + 29.80378942 * \text{PGDP} + 31.75363936 * \text{FIXAST} - 27.54616561 * \text{RNDGDP} + 65.87246007 * \text{COMTRANS} - 62.61210605 * \text{GORWTHRAT} + 55.48046625 * \text{FORNLINK}$$

（三）多元回归的现实应用价值和政策启示意义

上述服务业综合竞争力标准化回归模型的现实应用价值是：如果国内其他任何一个没有列入考察对象的城市15个指标值已知，利用多元回归模型就可以大致推算出这个城市的服务业综合竞争力。这为计算国内其他城市的服务业综合竞争力提供了极大的方便。

其次，在影响服务业综合竞争力的规模因子中，服务业增加值占GDP比重和服务业增加值两个指标对综合竞争力影响较大，而服务业就业人数对综合竞争力的影响并不显著，大致只有其他另外两个指标的七分之一。其主要原因是所比较的城市人口规模有很大的差异，如重庆常住总人口2859万，而其他国外发达城市总人口基数远小于重庆，这就造成了重庆服务业就业人数较高的现象，但重庆服务业综合竞争力显然无法与国外城市相比。一个改进的办法就是：以服务业就业人数占就业总人口来替代这个指标。

第三，影响服务业综合竞争力的结构因子中，生产性服务业占第三产业的比重和金融中心指数对综合竞争力的影响较大，总部经济发展能力居第三位，流通产业（标准化成正指标）占第三产业的比重影响居末位。从前面的分析可知：金融中心在推动一个城市的服务业进程中具有非常重要的地位，金融业是城市现代服务业发展的必然阶段，也是现代服务业高级化的基本标志。金融中心对现代服务业发展水平的影响最大，其标准化之后的影响系数为60.74。广州在推动现代服务业发展进程中，必须认识到这一规律，虽然广州在发展金融业方面受国家宏观政策的影响，但广州应该千方百计地促进金融业发展。而生产性服务业的发展有赖于城市工业化期间及其周边城市积累的强大的工业生产能力，特别是高端制造能力的发展。因此，在中国工业化依旧发展的过程中，广州在强调现代服务业发展的同时，必须同时发展高端制造业，特别是在工业化信息化融合发展的今天，这一发展导向对提升服务业发展层次具有重要的推动作用。总部经济对城市标准化现代服务业竞争力的影响系数为28.55，流通产业占第三产业比重对标准化现代服务竞争力的10.44。

第四，从影响服务业综合竞争力的效率因子来看，服务业劳动生产率和行政服务效率指数分居15个指标的影响能力前两位。从前面的原始指标可知，国内城市服务业人均产出与国际大都市差距巨大，由于这种非线性差距的存在，在进行主成分分析时，其内设权重就会较其他指标为高。

最后，从影响服务业综合竞争力的潜力因子来看，近三年服务业平均增长速度和科研投入影响为负。其主要原因是：国际大都市基本上都是后工业化城市，其服务业发展已经达到非常高的水平，例如香港服务业占国内生产总值的比重达到97.4，已经是一种完全的服务经济形态；其次是人均GDP是国内平均水平的10倍。因此，在这种发展水平下，其服务业增长速度很难达到一个较高的水平。由于国外的科研投入基本上是一种企业行为，而国内城市投资如北京，很大一部分是一种政府行为。综合交通枢纽指数、全球联系度、固定资产投资和人均GDP等指标对服务业综合竞争力影响都很大。对广州而言，作为国家四大交通枢纽城市，进一步加快建

第十章 广州现代服务业竞争力影响因素的实证分析

设外通内联的快速综合交通体系,无疑将大大提升广州服务业综合竞争力,另一方面,广州的快速综合交通体系建设对提高广州的全球联系度、扩大投资和人均GDP同样会产生积极的影响。

第十一章

广州现代服务业竞争力优劣势总结及其深层原因分析

一、竞争优势

（一）总量规模不断扩大，对经济发展的带动作用日益增强

近年来，广州市通过"退二进三"、产业结构优化升级等系列措施，推动服务业实现快速发展，对全市经济的带动和引领作用不断增强，对经济增长的贡献也逐渐加大，2010年服务业对经济增长的贡献率达到61.2%，成为广州产业结构中比重最大的主导部门，产业结构呈现出明显的"三二一"结构，经济服务化特征开始显现。2010年，广州实现地区生产总值10604.48亿元，服务业增加值达到6464.79亿元，服务业占地区生

第十一章 广州现代服务业竞争力优劣势总结及其深层原因分析

产总值的比重为61%，居全国大城市中位居第二位，仅次于北京，在沿海城市中率先形成了以服务业为主导，服务经济为主体的现代产业体系。从前述国内五大国家中心城市服务业综合综合竞争力的比较来看，广州居北京、上海之后第三位，排在重庆和天津前面。从服务业规模来看，广州服务业务增加值低于北京，但总量是天津和重庆的2倍以上。

由此可见，服务业是广州由"工业型经济"向"服务型经济"转型，推动广州经济发展的发动机和加速器。随着服务业规模的不断扩大、领域的拓宽和业态的创新，从业人员不断增加，服务业已成为就业和再就业的重要渠道。2010年，广州服务业从业人员占全社会从业人员比重达50.3%，成为吸纳劳动力就业的半壁江山。作为一个外向型经济发达的城市，广州对外贸易进出口在经济发展中占据重要地位，2009年，服务贸易占进出口总值的比重为16%，以服务贸易带动的进出口贸易还将有不断扩大和上升的趋势。商务服务业、科技交流和推广服务业这两个比较有代表性的现代服务行业，盈利能力进一步增强，发展势头强劲。

（二）服务贸易增长较快，国际化水平不断提升

随着广州市被国家商务部、信息产业部和科技部联合认定为"中国服务外包基地城市"后，广州服务外包业发展迅速。2008年，广州服务业合同外资和实际外资分别大幅增长96.81%和85.34%，新批合同外资39.50亿美元，占56.15%；实际利用外资20.74亿美元，占63.12%。其中，科研和技术服务业、计算机服务和软件业、商务服务业、物流业等领域都有较大增长。微软（中国）产业基地、IBM软件创新中心、英特尔广州国际安全数据解决方案中心、百事高等一批国际先进的现代服务业项目相继在广州落户。全球IT软件外包服务100强的Sierra Atlantic与艾瑞软件开发有限公司合作成立了广州最大的承接软件外包企业。

近年来，广州市在发展现代服务业上，着力吸引跨国公司总部或地区总部、研发中心、采购中心、销售中心，以及国际知名会展公司、规划设计公司、著名大学、科研机构、饭店管理集团、资产评估公司、猎头公司落户，提升服务业的国际化水平。随着广州在更大范围、更高层次上参与国际经济技术合作和竞争，扩大服务领域的开放已成为广州对外开放的重要内容，广州服务业的开放工作坚持以保增长为抓手，对外国跨国公司的工商登记、资金管理、出入境等方面给予一定的政策优惠，支持符合条件的服务企业进入海内外资本市场上市融资。

（三）新兴产业发展迅猛，产业结构不断优化

2010年，金融业实现增加值615.54亿元，占服务业的比重达10.2%，占地区生产总值的比重达6.2%，成为新的支柱产业。物流业方面，交通运输、仓储和邮政业实现增加值746.7亿元，占服务业的比重达11.4%。以信息服务、商务会展等为代表的新兴服务业实现增加值2594.8亿元，占服务业的比重达39%。商务会展业逐步向多层次、高端化发展；国家级信息产业、网游动画漫产业、软件产业基地以及服务外包示范城市建设扎实推进。新商业模式、新业态、新网络技术得到广泛应用，涌现了一批新兴服务业龙头企业。

广东省电力设计研究院营业收入、完成产值等主要经济指标一直居全国同行第二位。广州市达力影视文化传播有限公司进入全国民营影视制作企业前十位，是广东省首个国家动画产业基地。国家数字家庭应用示范产业基地成为探索和实践省部产学研合作并形成资源共享、优势集聚的典范。旅游业实现总收入1254.61亿元，同比增长26.2%，旅游外汇收入46.89亿元，同比增长29.4%。国内外旅游市场进一步拓展，旅游资源优势整合，珠江游深度开发初见成效。一大批高端服务企业通过打造信息链、价值链、标准链、资本链，已成为竞争力强的国内行业龙头。

商务服务业、科技交流和推广服务业这两个比较有代表性的现代服务行业，盈利能力进一步增强，发展势头强劲。数据显示：2009年，217家商务服务业企业实现营业收入468.87亿元，占779家服务业企业营业收入

第十一章 广州现代服务业竞争力优劣势总结及其深层原因分析

的比重为61.2%。实现营业利润34.0亿元、利润总额78.1亿元，同比分别增长118.4%和74.3%；53家科技交流和推广服务业样本企业实现营业利润0.98亿元、利润总额1.27亿元，同比分别增长115.6%和158.0%。

（四）集群效应初步显现，服务功能逐步增强

广州作为国家服务业综合改革试点城市，努力构建与国家中心城市相适应的"高增值、高辐射、高就业"的现代服务业体系，并按照"突出重点、产业集聚、分类推进"的原则，大力推进服务业集聚发展。2009年，广州市服务业进一步集聚发展，逐步形成了以空港、海港为依托的现代物流园区，金融、商务、会展业集聚发展的中央商务区，以两个国家级开发区和科学城、大学城以及文化创意产业园为依托的科技产业创新发展区，惠普、西艾、微软等一大批跨国公司及箭牌、安利、乐购等国内外企业区域和中国总部相继落户，现代服务业正在形成集聚发展的良好势头。

以越秀、天河为中心的城区服务业集聚发展的优势逐渐凸显，从广州市各区服务业发展情况看，中心城区显示出明显的发展优势，高度集中在越秀、天河两区。779家服务业企业中，这两区服务业企业共有466家，比重达59.8%，实现主营业务收入为570.24亿元，占调查企业主营业务收入的75.0%。产业布局集聚化功能不断强化，集聚发展态势形成，综合服务功能逐步增强。

（五）固定资产投资加快，项目带动作用明显

2010年，服务业完成固定资金投资2633.87亿元，同比增长24.76%，占全社会固定资产投资的比重达80.7%。从服务业投资构成看，广州市服务业固定资产投资主要集中在交通运输、仓储及邮政业、房地产业、水利、环境和公共设施服务业三大产业，三大行业完成投资占服务业投资八成左右。城市轨道交通、新白云国际机场、南沙港等重大项目的建设，对加快现代服务业的发展发挥了重要支撑作用。

特别是软件业，在国家扩大内需和电子信息产业振兴规划的推动下，

大力拓展国内外市场，推进产业结构调整，总体保持平稳运行态势，产业规模继续扩大。数据显示，广州软件与信息服务产业连续多年以30%左右的速度快速增长，为发展软件和服务外包奠定了良好的基础。2009年，广州市60家大中型软件企业实现资产总计93.25亿元，增长35.6%；实现主营业务收入81.41亿元，增长10.0%。超过11个服务业行业的平均增长水平17.7个百分点。

二、竞争劣势

（一）产业结构层次低，高端生产服务业发展不足

虽然广州服务业增加值在地区生产总值中的比重已达到61%，比重达到了服务经济的门槛上，但广州服务业产业结构仍不合理，主要表现在产业结构层次较低：一是传统商贸业占比较大。广州素来有"千年商都"之美誉，商贸业是广州历久不衰的优势产业，但遍布广州城区大街小巷的是各类良莠不齐的专业市场、小商业等，拥有现代信息技术和先进交易手段支撑的现代商贸业发展远远不够，与广州未来发展成为国际商贸中心的地位不相称。2008年，广州流通产业占GDP比重为20%，分别高于天津（17%）、北京（15%）、上海（14.8%）、重庆（13%），在五大国家中心城市中居首位，说明广州作为国际商贸中心城市，其商贸业具有举足轻重的优势地位，但另一方面也说明，广州服务业的产业结构层次还处在较低层次，基本依靠商贸服务业来支撑。二是广州生产性服务业发展不足。与广州发达的生活服务业形成鲜明对比的是，广州生产性服务业发展不足。生产性服务业具有容量大、辐射广，紧密连接生产和消费的特点，是现代服务业的重要领域和关键环节，但广州市对生产性服务业缺乏足够的认

第十一章 广州现代服务业竞争力优劣势总结及其深层原因分析

识,在行动和措施上都明显滞后,导致生产性服务业发育不足。从五大国家中心城市来看,广州生产性服务业占 GDP 比重为 27.5%,低于北京(41%)、上海(30),高于天津(17%)。三是广州高端服务业占服务业比重较低。广州虽然是以服务经济发达而著称的城市,但高端服务业占服务业的比重仅仅在 30% 左右,代表高端服务业的金融业、总部经济、知识服务业、咨询服务业、商务服务业等发展都明显不足,而且广州在服务业业态创新上也鲜见有大的举措。

(二) 总部经济相对薄弱,服务业辐射力受到制约

总部经济是高端服务业的代表,具有较强的控制力、组织力、辐射力和带动力,是发达国家和地区极力培育和争夺的战略优势资源。从一定程度上讲,总部经济代表着一个地区和城市服务业的品牌、形象以及服务业的整体竞争力,纵观世界上那些经济发达的国家和地区,无一不以总部经济的高度集聚而著称于世。从五大国家中心城市的比较来看,广州总部经济综合指数为 76.22,低于北京 (85.60)、上海 (83.73),但高于天津 (56.70) 和重庆 (47.74),广州总部经济竞争力位于北京和上海之后列第三位,属于第一能级序列,但与北京和上海的差距在拉大,在评价总部经济竞争力的基础条件、商务设施、研发能力、专业服务、政府服务和开放能力的指标上,广州在研发能力和专业服务以及政府服务上都明显逊色于省内的近邻深圳,2009 年深圳行政服务效率指数为 100,高于广 (74);R&D 占 GDP 比重为 3.3%,高于广州 (1.9%)。在吸引个别行业和领域的总部上,如 IT 产业、金融产业和创意设计产业等,甚至还分别逊色于大连、深圳和杭州。总之,虽然广州总部经济的发展处于国内前列,但与北京和上海相比,辐射力不强、覆盖面不广,在全国的影响力有限,因此在一定程度上影响了服务业竞争力的提升。

广州商贸业发展一直长盛不衰,在全国占有重要地位和影响力,但这些商贸业基本属传统服务业的范畴。例如,专业批发市场是广州辐射力和

影响力最强的传统服务业，辐射和输出能力已覆盖全国大部分省市，有些甚至辐射到境外，但与总部经济这种高端服务业相比还有相当的差距，因为有形市场的辐射和输出能力范围毕竟要受到一定的区域和时空限制，而总部经济则大不一样，它所控制的行业、领域和环节可以跨越时空不受区域限制，可以在全球范围内进行资源整合和配置，可以把它的躯体和四肢延伸到全球的任何一个角落。此外，服务业辐射力是衡量一个城市服务业竞争力的核心指标，广州除了专业市场的辐射力较强外，广州对外服务输出能力也明显低于上海、深圳和北京。如广州在2009年的外贸出口额为770亿美元，而上海为2777亿美元、深圳为2702亿美元，北京为2148亿美元；从金融辐射力来看，广州金融中心指数也远低于上海、北京和深圳等三个国内公认的全国性金融中心城市。

（三）珠三角区域服务业低层化同构竞争日趋激烈

在大珠三角区域范围内，香港是一个名副其实的国际大都市，现代服务业较为成熟，已是服务经济高度发达的区域。数据显示，服务业占香港本地生产总值超过90%，就业总人口中有近90%从事服务业，商贸服务、运输服务、旅游服务为目前香港前三大服务出口行业，而这些行业也是广州发展现代服务业所要努力拓展的领域，但香港拥有优秀的专业人才、良好的基础设施和优质的国际网络，这是广州望其项背、难以拥有的优势，而两地的空间距离也比较靠近，这使得广州服务业的发展在空间扩展上容易受到香港的挤压。与此同时，迅猛崛起的深圳同样是广州不能掉以轻心的强劲竞争对手，其金融产业、信息产业、文化产业的发展势头和竞争力都不容忽视。从广州、深圳和香港三个城市的比较来看，广州服务业就业人数为281万人，深圳为240万人，香港为309万人，但香港服务业占GDP比重高达92%，广州为59%，深圳为51%，说明广州服务业劳动生产率远不及香港。而从生产性服务业竞争力指数来看，广州为53、深圳为64、香港为124，也分别落后与深圳和香港。

第十一章 广州现代服务业竞争力优劣势总结及其深层原因分析

再环视珠三角及其他地区形势同样不容乐观。目前,由于我省及珠三角地区没有制定现代服务业发展的统一规划,因而导致珠三角地区现代服务业发展形成了一定程度的同构现象,各个城市在发展现代服务业上都跃跃欲试、大显身手、招数迭出。例如,广州、深圳、佛山(南海)的金融服务业,广州、深圳、东莞的会展业,广州、深圳的文化产业和现代物流业都存在着严重的同构竞争,尤其是会展业,珠三角地区成了国内会展展馆面积最大、展会次数最多、参展人数最多的地区之一。由于缺乏错位发展的整体谋划,这些城市都是在有限的区域内争夺有限的服务资源,难免不出现打乱仗的情形,其结果必然影响珠三角地区服务业整体竞争力的提升。

(四)产业组织结构"缺大偏小",龙头大企业实力偏弱

总体而言,广州大多数服务企业普遍规模较小,缺乏在全国有影响力的大型龙头企业,这种状况大大制约了广州服务业竞争力的有效提升。仅以连锁零售企业为例,全国前30名连锁零售企业没有广州的企业,企业规模较小决定了其竞争力必然受到一定的限制,大部分服务企业的市场空间仅仅限于全市范围,拓展到珠三角的不多,而触角能够延伸到全国甚至全球的就更少得可怜。改革开放初期,广州就是凭借中央赋予的优惠政策和灵活措施,发扬敢为人先的精神,大胆开拓创新,经济发展才取得了举世瞩目的成就。但经过30年的快速发展,广州大多数服务企业普遍缺乏改革创新的勇气,比较安于现状、思想保守、惰性有余而开拓进取不足,不愿冒险去积极开拓区外市场。

从广州的产业组织结构来看,广州服务企业中龙头企业不多,基本上以中小型居多,中小企业在服务企业中占据80%以上的比例,这种以中小企业居多的产业组织结构,不利于服务业做大做强。一是因为企业经营规模普遍较小,受自身发展实力的限制,企业长不大就难以走出去,服务拓展能力也就极其有限。二是中小企业由于发展规模所限,市场拓展基本以区域市场为主，国际化营运往往不足，自身的积累远未具备和达到进行区外扩张的条件和基础，因而导致竞争力提升缓慢。从零售业的情况来看，在2009年中国连锁百强前20名的城市分布中广州没有一家零售龙头企业上榜。广州零售龙头企业数量和销售收入远远落后于上海和北京，也落后于深圳和天津，与非国家中心城市相比也落后于南京、杭州、程度、武汉、青岛、宁波、沈阳等城市。零售龙头企业在数量上排第12位，销售收入在所比较的17个城市中排第15位[①]。从批发龙头企业来看，广州仅有江南果菜批发市场进入全国农产品批发市场100强，落后于北京（10家）；而纺织服装鞋帽专业龙头批发市场，全国十大小商品批发市场，广州没有一家能进入全国前10名；从中国软件百强企业排名来看，广州只有3家企业上榜，分别低于北京（33）、杭州（11）、深圳（7）、南京（7）、上海（6）、沈阳（5）。

（五）新型业态和先进经营方式应用普及度不高

近年来，云计算、物联网、可信计算、三网融合等新技术的发展，催生服务业新兴业态不断涌现，智慧地球、云服务等新理念的不断提出使得新服务业模式不断更替，软件和信息服务业与传统经济融合日益紧密，创造和催生了大量的有快速发展潜力的新产业形态。目前，这些新的产业形态已经开始显露端倪，北京、上海、深圳、杭州等城市都在积极抢抓机遇，开始谋划和布局这些新型业态的发展，并分别在总部经济、创意产业、电子商务、服务外包乃至商业模式创新方面占据了相应的"制高点"。杭州是目前中国电子商务发展最快的城市，在B2B、C2C中占有绝大部分市场空间，而北京则在B2C市场中居于领先地位，上海在电子支付和金融支付上屡屡创新。纵观广州在对待新型服务业发展上招数不多、措施不力，而在现代商贸业、物流业、金融业等业态创新上思路也不够清晰，错

---

① 本小节研究所比较的17个城市为：北京、上海、深圳、广州、天津、重庆、杭州、成都、南京、武汉、西安、青岛、苏州、宁波、郑州、大连、沈阳。

失了很多发展良机。此外，广州在服务业先进经营方式的应用普及程度上与国内先进城市也有一定的差距。广州是专业市场云集的城市，专业市场遍布广州城乡，但专业市场运用现代先进信息技术支撑，实现电子商务的普及率并不高，多数还是现金交易、现货交易，经营理念和经营手段落后，一定程度上影响了服务业竞争力的提升。

三、深层原因分析

综上分析，当前广州现代服务业总体竞争力已居国内领先地位，但在产业结构及质量层次上与先进城市相比尚有不少差距。目前，制约广州现代服务业竞争力的深层原因主要有以下几个方面：

(一) 鼓励和支持服务业发展的政策力度不够

广州是广东省的省会城市和华南地区的中心城市，按照《珠江三角洲地区改革发展纲要》的定位，未来还要建设成为国家中心城市，而与国家中心城市相匹配的服务业也一定是具有强大的竞争力，因而如何提升服务业竞争力是广州服务业发展的重中之重。而广州在发展服务业的相关政策支持和扶持上与国际大都市香港相比明显不足，香港是服务业高度发达的地区，在发展服务业上的政策支持上有很多方面都值得广州借鉴：通过低税率的自由贸易政策和投资政策，大力发展转口贸易，进而带动本地运输、仓储、金融、商业、咨询等服务业的发展；通过加强基础设施建设，为服务输出的发展提供有效保障；高度规范、高度透明和高效运作的经营模式、政府管理体系和法律运作体系，为服务输出的发展提供制度保证；通过利用政府资本基金投资、培训资助、物质奖励、拨款等形式培养企业进行科技创新，增加产品附加值，提升本地产业的科技能力和增加其竞争力。与国际大都市香港相比,广州在发展服务业上更多地依靠规划指引,而在具体的政策措施特别是扶持奖励方面的措施微不足道,影响了服务业快速发展。

广州在鼓励服务企业"走出去"和扩大境外投资方面,工作力度不如北京甚至江浙一带的城市,企业走不出去,何以谈得上提升竞争力?近年来,广州市服务企业境外投资有所增长,但大多数属于对外承包工程和劳务合作,而在境外设厂、建立研发和销售机构,开展对外设计和对外咨询服务等领域的尚为数不多。总之,广州在鼓励企业走出去的服务支撑体系建设上制度不够完善,例如,支持企业走出去的金融、外汇、保险和中介支持力度明显不足,为企业提供的信息服务及相关的政策信息不及时、不到位,不能满足企业走出去的需求。此外,广州在鼓励服务企业"走出去"方面的具体措施,如在海外设立重点贸易中心(商品市场),在境外收购或建立产品研发中心,注册品牌开设专卖店,建立贸易分支机构等营销网络的扶持奖励力度都不够大,而且相关的政策条文也比较分散,企业操作起来有一定的难度。

(二)服务业改革开放步伐缓慢,缺乏增长动力

广州服务业市场化程度较低,改革开放步伐相对缓慢,集中表现在行业进入门槛和行业垄断两个方面。金融、电信、电力等行业以及地方公用事业,不同程度地存在国家垄断、政府管制、限制过多和行业垄断的状态,致使发展缺乏动力和活力。一些服务业特别是现代服务业领域,如银行、保险、教育、通讯等行业,行业进入门槛较高、市场准入范围狭窄,将绝大多数潜在投资者拒之门外,有些领域甚至连其他行业的国有企业也难以进入。其结果是国有垄断企业的既得利益得到保护,在没有竞争压力的情况下,行业发展的活力与动力丧失,服务业特别是现代服务业供给能力的扩张受到制约。目前,广州民间资本进入的行业和领域多是服务业低端层次,高端层次和垄断行业难以进入,这使得市场主体缺乏竞争力。

第十一章 广州现代服务业竞争力优劣势总结及其深层原因分析

目前,广州经济发展已进入服务经济时代,但现行部门管理体制仍处于工业经济时代,政府部门设置和政策主体几乎全是围绕着工业制造业服务,广州服务业发展长期滞后于制造业,停滞不前,在很大程度上是由现行的体制和政策导致的。广州现行的部门机构设置,本质上是惯性化地向生产制造业倾斜,忽视服务业的发展。纵观广州改革开放30多年来工业化、城市化的发展进程,基本上都是围绕着保工业、促工业的发展路子,服务业没有得到应有的重视,未来广州发展后劲的强弱,不是取决于技术、产量规模等,而是取决于现代服务业的成长性和质量。因而,加快建立一套适应服务业成长和竞争力提升的体制机制是寻求服务业快速发展的重中之重。

(三) 服务业营商软环境有待进一步优化

从目前广州发展服务业的思路来看,还停留在重硬件、重载体建设、重招商引资的发展阶段,而对软环境建设还重视不够,特别是服务业的营商软环境不尽如人意,尤其受人力资源状况、财政税收政策、公共服务和配套设施等因素影响较大。人力资源方面,具有一定操作经验和管理水平的物流策划师、具备国际诉讼经验的律师、高级金融分析师、动漫创作者等高端服务人才仍较少,广州的人才税收政策、人才培训机制、创业环境和生活氛围对这类人才的吸引力仍有待提高。财政税收方面,与上海、天津、深圳等地相比,广州对服务业的财税优惠政策仅限于金融、软件和动漫、连锁经营等少数几个行业,某些优惠政策则仅限于特定企业,覆盖范围偏窄,不利于全面推动服务业的发展。公共服务和配套设施方面,物流业仍存在通关速度慢、城市配送体系不健全、基础设施兼容性不足等问题;会展业仍存在生活配套设施不足等问题。此外,北京、苏州、南京等地相继出台政策,逐步实现服务业用电、用水、用气与工业同价,相比之下,我市服务业资源用价偏高,影响服务业竞争力的有效提升。

(四) 服务业空间布局不合理,地域功能特色尚不突出

广州在规划和发展服务业的空间布局上不够合理,地域功能特色尚不

突出。一是服务业主要分布和集中在中心城区,外围区(市)服务业发展相对不足。纵观广州服务业发展的空间布局,服务业主要分布在越秀、天河、海珠、荔湾等几个中心城区,外围区(市),如增城、花都等服务业发展缓慢,服务业区域发展不均衡。事实上,服务业较之于制造业,产业形态、行业门类和种类是最多的,中心城区和外围区(市)由于地理区位不同,发展服务业的行业选择会有所不同,但这并不意味着外围区(市)不具备发展服务业的优势条件,因而如何引导服务业在不同区域的均衡发展也是提升服务业竞争力的题中应有之义。服务业在区位优势良好的中心城区发展,并不意味和排斥在远离中心城区的地域发展,广州应该努力拓展服务业的发展空间,避免都拥挤在狭小的中心城区抢夺有限的服务资源。

二是中心城区服务业差别化发展不够鲜明。例如,在发展文化创意产业上,越秀、天河、海珠、荔湾等几个城区都争相发展、上项目、建园区,暂且不论有重复发展之嫌,而且在有限的空间争夺有限的市场资源,必然导致行业和产业竞争过度,从而不利于产业发展。会展业也存在类似问题,越秀、海珠、白云等区都在大力推动会展业的发展,从目前广州的会展业来看,已经开始出现展馆资源过剩的现象,因而合理引导中心城区服务业实现差别化发展,也是提升广州服务业竞争力的重要内容。从目前广州中心城区发展服务业的现状来看,基本上都是集中在总部经济、创意产业、会展业、商贸流通业等几个领域和行业,差别化发展战略不够凸显。

(五)服务业集聚辐射效应不足,规划引导和区域合作有待进一步加强

纵观世界先进城市的服务业集群大多经历了由"单中心"向"多中心"转变的过程,形成了主次分明、组团式的空间结构,都有功能突出的现代服务业集聚区,例如纽约曼哈顿、伦敦SOHO区、东京新宿、香港中环、上海陆家嘴等,而广州尚未形成标志明显、规模集聚、功能突出、特

第十一章 广州现代服务业竞争力优劣势总结及其深层原因分析

色鲜明、的各类服务业功能区。现有的金融业4个集聚区目前仍显得比较分散，尤其珠江新城金融商务区的集聚程度及功能不足，尚难发挥金融核心的作用，中央商务区意象不清晰。物流业的空间布局模式以单个企业为主，没有形成完整物流体系，不利于货运交通的组织和物流业规模经济的形成；创意产业缺乏整体规划，重复建设现象日益突出，园区建设方面明显滞后，配套设施不完善，园区规模、企业数量及质量亟待提高。国内外经验表明，特殊的政策安排和规划引导对于促进现代服务业集聚发展起到很好的助推作用。目前，北京、上海等城市已规划建设了一批现代服务业集聚区，并取得了明显的成效，相比之下，广州的规划引导及载体建设力度有待增强。

与环渤海经济圈、长三角经济圈相比，珠三角经济圈各城市经济结构较为雷同，竞争大于合作。深圳的信息服务业、东莞的会展业、佛山的金融后台服务业发展相当迅猛，对广州形成了重大的挑战。虽然广州作为全省乃至华南地区的文化、科技中心，但其服务业尤其是生产服务业对周边地区的辐射能力仍有待增强。目前，粤港澳特别合作区正在积极推进，香港与深圳联手打造世界大都会，澳门与珠海合作开发横琴岛。广州应加强与香港、佛山、东莞等周边城市的合作。此外，广州的国际航班线路和密度与北京和上海相比差距较大，使物流业、会展业等现代服务业的国际辐射能力受到一定的限制。

（六）服务专门人才缺乏，服务创新能力趋于弱化

广州高端人才供应不足，导致专业化服务水平差距明显。尽管广州聚集了一定规模的高素质服务业从业人员，但外资机构利用丰厚的薪资待遇、优良的工作环境等优势吸纳高端人才，造成本土服务业人才流失。目前，广州很多本土服务企业限于专业化人才供应不足，在发展过程中无法形成自己的优势领域，专业化服务水平与外资企业存在明显差距，在竞争中只能承接附加值较低的中低端服务业务。广州是广东省的教育、科技和

稳重新,高等院校和科研院所众多,智力资源丰富,但发表科技论文和专利产出不仅大大低于北京、上海,甚至低于深圳。作为创新能力最标志性的指标,广州高新技术产业无论是规模还是比重,均大大低于上述三个城市。近年来广州创新能力的相对弱化不仅表现在科技创新方面,在制度创新和文化创新方面也开始表现出疲弱的态势,一些关键领域的体制改革裹足不前。近年来,在经济体制改革、行政管理体制改革及社会管理创新方面都少有新举措出台,创新能力始终未有较大提升。

(七) 以品牌、标准、信用为核心的产业软实力不足

一是品牌意识不足。长期以来,广州比较重视制造业领域争创名牌,投入大量人力、物力和财力推动品牌化战略的实施,而在服务业领域品牌意识则相对欠缺。由于品牌意识不足,不仅导致广州餐饮服务业的一些老字号市场拓展不利,在一些新兴业态度上也没有树立起有市场号召力的品牌,广州服务业企业做不大的原因之一与品牌意识不强有直接的关系,品牌不仅是形象也是竞争力,一定承受上而言,提升竞争力应该从品牌入手。

二是标准化体系建设滞后,难以适应国际发展趋势。由于广州服务业标准化体系建设滞后,行业整体标准化程度较低,在成本核算标准、从业人员资格认定标准、市场准入与退出标准,以及标准的相互认证、承认制度等方面没有实现与国际标准接轨,造成国内企业得不到国际认可,无法开展国际业务。标准化滞后已经成为广州服务企业拓展市场、参与国际竞争的重要障碍,增加了企业的运营成本和政府审批成本,也为经济数据的安全造成潜在威胁。例如在会计审计行业,四大外资咨询机构凭借拥有国际标准资质垄断了上市公司的审计咨询业务,并掌握了广州能源、金融等重要领域的经济数据,在一定程度上也影响了广州的经济安全。

三是信用和监管体制不完善,行业市场秩序有待规范。作为一个快速发展中的行业,目前广州服务业内部企业信用信息体系不够健全,激励和

第十一章 广州现代服务业竞争力优劣势总结及其深层原因分析

惩戒机制尚未建立,加上企业缺乏自律机制,导致行业内企业的失信行为及在业务竞争中竞相压价和各类投机现象大量存在。例如,一些企业利用低收费或不收费手段抢占客户资源,不仅降低了企业服务质量,而且使整个服务业的市场环境受到影响。另外,行业协会的职能不清晰、行业监管政出多头,也是造成广州服务业市场秩序混乱的又一重要原因,不利于服务业的可持续健康发展。

第十二章
提升广州现代服务业综合竞争力的思路和对策建议

根据广州现代服务业竞争力的现状和特点，结合国家实施的新的战略导向及其对广州城市发展的新定位，初步提出提升广州现代服务业综合竞争力的基本思路是：围绕广州国家中心城市的发展定位和建设国际大都市的战略目标，以增强城市综合服务功能为导向，以"调结构、优布局、强载体、扶龙头、转模式"为基本路径，立足服务创新，强化服务集聚，扩大服务输出，坚持走"高端引领"、"龙头带动"、"创新驱动"、"优势突破"、"集群提升"、"区域合作"的路子，通过实施载体整合、智力集聚、创新引领、总部带动等重大战略性工程，发挥服务产业的集群效应，强化服务产业的人才支撑，增强服务产业的发展后劲，促进服务产业链向高端延伸，着力培育和形成一批高增值、深融合、强辐射、大控制的现代服务产业集群，最终实现广州现代服务业综合竞争力的全面提升和跨越式

第十二章 提升广州现代服务业综合竞争力的思路和对策建议

发展。

为实施以上思路,特提出如下一些可供参考的对策建议:

一、加快推进服务业载体的规划与建设,强化服务业的集群效应

现代服务业集聚区的发展,对拓展服务业发展空间,提高服务产业集聚度,创新产业集约型发展模式,有效降低企业交易成本和商务成本,全面提升服务业的综合竞争力,具有十分重要的作用。广州应把推进服务业载体的规划与建设,发挥现代服务业的集群效应,作为提升服务业竞争力的重要手段。

(一) 尽快制定集聚区发展的统一规划,建立健全有效的推进机制

新的统一规划要成为集聚区发展的行动指南,在确定现代服务业集聚区概念、类型及认定标准的基础上,对广州集聚区发展的基本思路、战略目标、重点类型、空间布局、重点集聚区分类推进、开发管理模式、政策试验目标、监督考核办法等作出明确规定或提出实施意见。在统一规划指引下,逐步建立健全集聚区工作领导与协调推进体系,按照"市区联动、政府规划、公司开发、市场运作"的方式,将经济指导职能、行政服务职能与市场开发职能有效整合,为集聚区发展和进区企业提供全方位的指导服务。由市发改部门牵头,市建设、交通、经贸、规划、国土等部门及各区协同组成工作推进机制,成立具有一定统筹职能、实际编制和较大权限的专门领导小组,负责现代服务业发展及集聚区建设的战略谋划和重大决策。

（二）倾力打造一批有国际知名度、有强大集聚力的品牌集聚区

与国内外的一些城市比较，广州现在还没有像香港的中环和上海的陆家嘴那样有影响力的金融集聚区，也没有像北京的798艺术区那样著名的创意产业集聚区，要提升广州服务业的综合竞争力，需要打造一批有国际知名度、有强大集聚力的品牌集聚区。根据《珠江三角洲地区改革与发展规划纲要》，根据广州的区位优势及现有的基础，广州应以珠江新城金融商务区、广州金融创新服务区等功能区为依托，打造具有较高国际化水平的金融总部基地和产业金融创新基地；以广州（琶洲）国际商务会展中心为核心，加快建设广州国际商品展贸城、白云新城高端商贸会展区等大型商务辅助功能区；以白云国际机场和南沙港为依托，加快建设空港综合保税区和南沙保税港区，推动形成双核型现代化、国际化物流枢纽；以网游动漫国家级产业基地为依托，加快推动北岸文化码头、马莎罗动漫城、越秀区创意大道等一批重要园区建设，形成具有国际水准、中国气派的创意产业核心基地。

（三）强化政策聚焦，把服务业集聚区作为落实各项政策创新的"实验场"

以建设集聚区为突破口，推动广州已出台的现代服务业各项政策以及"退二进三"、"三旧改造"政策等向集聚区"聚焦"。一是进一步明确把扶持集聚区发展纳入市现代服务业发展引导资金的重点支持范围，重点支持现代服务业集聚区的公共服务平台、人才引进和其他配套设施建设。市服务业其他专项资金也要优先扶持集聚区发展。二是对集聚区率先实行价格和收费优惠政策。三是对集聚区企业试行财税优惠政策。四是推动实施有利于集聚区发展的公共交通政策。积极鼓励集聚区与轨道交通站点的联合开发、同步建设，优先支持集聚区内市政工程、公共交通配套设施建设和交通站点设置。最后，在集聚区内率先推动土地政策创新与突破。

二、实施创新驱动工程,增强现代服务产业的发展后劲

现代服务业不仅是现代技术广泛运用的部门,而且自身就是创新的重要部门。创新,是现代服务业发展的生命,也是现代服务业区别于传统服务业的根本点。要全面提升广州现代服务业的综合竞争力,必须要坚持不断创新,实施创新驱动工程,增强发展后劲。

(一)加大对服务业技术创新的投入

要高度重视现代服务业领域的研发,政府和企业要加大研发的投入。组织实施现代服务业重要发展领域的重大科技专项、重点科技工程和科技基本建设三大计划,大力支持原始创新、集成创新和消化吸收再创新,为推动核心产业发展提供强劲的科技支撑。支持重点服务行业科技项目立项,促进行业共性技术研发、测试和服务平台建设,着力突破技术瓶颈。鼓励运用和引进高新技术和先进适用技术及设备改造提升传统服务业,对服务业技术改造给予与制造业同等的政策优惠。同时,要制定知识产权战略实施规划,推动建设国家知识产权示范城市。

(二)积极鼓励服务业态和经营模式等创新

一是积极支持企业采取连锁经营、现代物流、电子商务等各种新型经营模式,鼓励连锁店、网店、商业"摩尔"、会所等新型业态,创新服务业发展模式。二是创新产业集约模式,开展现代服务业聚集示范区建设试点,探索管理体制与政策创新,包括门户开放,消除准入壁垒,创新政府对市场的管制方式与服务模式。三是学习借鉴国际先进的经营方式和规

则，掌握服务业领域的国际惯例和规则，提高服务业公共管理水平。推动企业运用世界贸易规则，提升应对竞争的能力。

（三）充分发挥信息技术在服务业创新驱动的重要作用

在信息化进程中，服务创新正方兴未艾，服务创新既包括服务手段、方法、工具等方面的技术创新，还也包括非技术创新。要充分发挥信息化在经济发展中的引领带动作用，推进信息技术在传统服务业领域广泛应用，激励传统服务业企业引入信息技术，改造业务流程、更新经营技术、变革经营业态。围绕服务业发展重点领域，运用信息技术支撑服务手段多样化、服务产品个性化，拓展服务范围，提升服务效率，建立服务行业信息内容的增值服务体系。鼓励在电子商务、现代物流、数字媒体、数字教育、数字医疗、数字社区、数字旅游、电子金融等领域实施技术创新示范工程并加强应用推广。

三、提升总部经济带动力，促进现代服务业产业向高端延伸

总部经济作为国际分工的高端环节，是高端服务业的主要形式，具有知识含量高、产业关联度强、集聚带动作用大等显著特点，是对经济社会发展产生强力带动和辐射作用的经济形态。广州要充分发挥总部经济的技术创新和市场扩张引领功能，大力发展总部经济，促进优势产业链的形成，促进现代服务业向高端延伸，从而实现全面提升现代服务业的综合竞争力。

第十二章　提升广州现代服务业综合竞争力的思路和对策建议

(一) 积极引进能够强化中心城市功能、提升服务业总体实力的总部企业

根据广州服务经济发展的战略，重点引进世界500强企业、中国500强企业、跨国公司、中央大企业等在广州设立总部、地区总部或职能型总部机构，着力引进国内尤其是珠三角民营总部企业。培育和发展金融保险、现代物流、国际会展、信息咨询等生产性服务业总部企业和商务服务、科技服务、现代工程服务、文化创意等新兴服务业总部企业。大力发展汽车、电子信息、石化等支柱产业以及装备制造领域总部企业，加快培育环保节能和新医药、新材料、新能源、信息服务等高技术产业总部企业。积极培育一批本土商贸类企业集团，利用专业市场改造升级的契机，压缩个体商户数量，加大引进总经销、总代理等公司制企业。

(二) 加大落实《广州市关于加快发展总部经济的实施意见》

广州市已制定了关于扶持总部经济发展的一系列政策与措施，要加大落实的力度，并根据总部经济发展的新情况、新问题，加以补充和完善。重点规划建设珠江新城－员村地区、琶洲地区、天河北—环市东—东风路、科学城、知识城等十大总部经济功能区，优先保障总部企业办公用地，对总部企业重点人才实施单列服务等等。对符合条件并入驻总部经济规划区内的企业总部，应加大落实我市关于扶持总部经济发展的各项政策，分别从租金补贴、税收返还、办事程序、用地指标、出入境等方面切实给予优惠政策。对总部经济的发展实施积极的土地支持政策，加强总部企业用地保障，企业总部需购置和租赁自用办公用房的，根据总部类型，给予必要的资助。

(三) 着力降低总部经济集聚区的商务成本

总部企业大都集中在中心城区，由于中心城区特别是老城区，土地资源有限，高等级写字楼稀缺，租金不断上涨，生活成本比较高，商务成本也相对不断提高，加上公共服务平台发展滞后，高端服务业有效供给不

足，让一些总部企业望而却步。因此，要设法降低总部经济区的综合商务成本，一是通过建设高效、廉洁的"服务型"政府，降低行政服务成本。二是通过发展专业服务、公共服务平台、加快老城区的改造等降低总部企业的市场经营成本。通过政府和市场共同努力，为总部经济的发展创造良好市场的环境。三是通过改善城市的生活环境、提升生活质量来降低生活成本。总部经济是高端服务业，人才是关键，要吸引国内外的高端人才，应该努力降低生活成本，创造生活品质提高的环境，为高端人才的居住、子女就业等创造条件。

四、大力实施品牌战略，扩大现代服务产业的综合影响力

当今世界，知名品牌的多少、品牌经济的发展水平，已经成为国家和地区综合实力和国际竞争力的重要因素。面对品牌发展和品牌消费的新趋势，大力实施品牌战略，精心打造"广州服务"品牌，是提升广州现代服务业综合竞争力的重要途径。

（一）加强品牌建设的基础工作，制定服务业知名品牌培育计划

一是引导企业注册并规范使用商标、商号，鼓励有条件的企业注册防御商标、联合商标。大力实施标准化战略，加强重点检测机构建设，支持企业积极采用国际标准和国外先进标准，完善企业计量保证体系。鼓励引导企业通过建立现代企业制度，采用先进管理方法，建立科学、规范的管理制度和运行机制，实现从自发创牌向自觉创牌转变。二是加快广州服务行业的标准化建设。政府相关职能部门应鼓励行业协会、中介机构等推进

第十二章 提升广州现代服务业综合竞争力的思路和对策建议

服务行业的标准化,大力支持龙头企业或知名企业制定服务产品标准,鼓励企业、行业和服务业聚集区积极申报服务业标准化试点,努力使广州服务业的行业标准成为广东省乃至全国相关行业的标准。三是制定广州知名服务品牌培育规划。明确培育对象、目标,帮助品牌企业解决品牌发展中的难题。建立国家、省、市三级品牌梯队,实行有计划、有重点的品牌培育、发展和保护制度。

(二)精心打造"广州服务"品牌,支持品牌服务企业做强做大

加强品牌认定机制,支持广州"老字号"服务企业深化改革以提高自生能力,加大对品牌建设的资金力度,支持品牌企业跨区域经营,采用利税政策鼓励企业加强品牌建设。鼓励品牌服务企业通过收购、兼并、控股、联合、虚拟经营等多种途径做大做强,加快形成一批主业突出、核心竞争力强、品牌带动作用明显的品牌大企业、大集团,在商贸业、物流业、会展业、创意产业等领域,努力培育一批技术创新和服务创新能力强、市场占有率高、在全国同行业居领先地位的品牌企业。要加快发展信息咨询、现代传媒、电子商务等品牌服务中介,提高服务业企业的竞争力。要建设和完善品牌激励机制,设立专项资金用于支持品牌战略实施、品牌公共服务平台建设以及加强知识产权保护等方面。

(三)大力发展专利、商标、版权、中介服务机构,发展知识产权交易市场

坚持高端化、集群化、国际化、品牌化发展战略,鼓励和支持一批优质企业以商标、专利、版权等知识产权为纽带进行跨地区、跨区域兼并和重组,促进形成一批拥有自主知识产权、具有较强竞争力和重大影响力的企业品牌。支持优质企业推进国际质量认证、环境管理体系认证和行业认证,加大力度培育和发展一批中国名牌、中国驰名商标、商务部重点出口品牌和省级名牌产品、著名商标,以品牌化推动核心产业加快发展。同时,要建立健全品牌保护机制,根据国家相关法律法规,推进地方性品牌

保护立法工作,加大对服务业的知识产权的保护,加快品牌保护的法制化进程。

(四)进一步提升"广州价格"影响力

依托广交会(中国进出口商品交易会)、美博会(广州国际美容美发化妆用品进出口博览会)、茶博会(广州国际茶业博览会)等在国内有重大影响的会展交易平台,打造"广州价格",及时公开发布交易量及相关产品批次价格等信息,提高"广州价格"的影响力。加强广州各大专业批发市场建设,完善现代交易方式,扩大成交量,推动批发市场聚集发展,提高交易价格的指导能力。推动广东塑料交易所、黄埔石油交易市场、广州钢铁交易中心等大宗物资集散及交易市场建设,进一步稳固和提高交易价格对国内外市场的影响力。

五、扩大服务输出,提升广州服务输出的能力

一个城市的服务输出能力是其综合竞争力的重要体现,同时,扩大服务输出,不断提升服务输出的能力,将极大地促进现代服务业的发展,扩大城市辐射力,强化城市的集聚功能。

(一)加快推进区域经济一体化,构建共同服务市场

一是以"广佛同城化"和"广佛肇经济圈"实施为先导,深化珠三角区域及泛珠三角区域的经济合作,构建共同服务市场,夯实广州服务输出腹地的主体地位。以交通基础设施一体化为切入点,逐步推进珠三角地区基础设施、产业布局、环保生态、流域治理、城市规划、公共服务一体化。二是深化穗港澳服务业合作,提高广州服务国际竞争力。率先探索推进三城市服务业行业标准一体化、认证一体化和技术职称互认,联合构建

第十二章　提升广州现代服务业综合竞争力的思路和对策建议

穗港澳贸易投资的电子商务平台和大通关信息平台。加强穗港澳在金融、服务外包等现代服务业领域深度合作。支持港澳金融机构在广州设立地区总部及后援机构，推动广州企业赴港上市融资。鼓励香港金融后台服务业转移到广州。加快引进港澳法律、会计、管理等中介机构，积极承接港澳服务外包。在港口物流、航空物流等领域探索构建穗港现代服务业的合作区。

（二）推动服务企业连锁经营和跨区域经营，增强广州服务全国的能力

一是运用财税激励及其他相关政策，鼓励企业跨区域经营，进一步拓展国内市场、拓宽发展空间，输出劳务，提供技术、管理等服务，增强广州服务全国的能力。二是大力培育和发展一批以广州为总部（区域总部）、跨地区发展，具有较强竞争实力的大型连锁企业集团。对重点连锁经营企业，在信息技术应用、采购配送物流中心建设及网点拓展等方面，给予一定的财税政策支持。三是鼓励企业跨区域联合重组，重点支持广州重点服务性企业如广百集团等以跨区域收购、联合重组等方式"走出去"。

（三）扩大服务业的对外开放，促进服务业拓展国际市场

一是鼓励服务业开展多层次的国际交流与合作。鼓励企业通过"引进来"和"走出去"，开展包括资本合作、品牌共享、技术交流、管理创新、网络互通等灵活多样的国际交流与合作，鼓励有条件的企业通过跨国并购获得新技术、新市场、新资源并积累全球经营运作能力。二是引导物流、会展、创意等服务业走向国际市场，鼓励在全国有影响力的动漫等文化产品和服务出口，抢占国际市场份额，参与国际服务业分工体系。鼓励服务业积极参加各类服务产品展览，提高"广州服务"的国际知名度。三是大力推进贸易和服务外包。立足高端，重点拓展业务流程外包和知识流程外包，努力占据服务外包制高点。积极承接离岸外包，吸引跨国公司投资上海服务外包行业，吸引领袖级、专业标志性、知识密集、成长性好的全球服务外包100强企业进驻，积极开拓国际市场，努力提高广州服务外包业的国际竞争力。加快建设服务外包基地,加强服务外包业示范园区建设,加快公共技术和服务平台建设,推动服务外包业功能分区、产业定位引导和聚集发展。四是创新服务业"走出去"的形式。以东盟、中东地区为节点,培育广州商品商贸基地,构建海外营销和物流网络,逐步形成区域性、全球性的产品供应、资源配置和物流配送链。五是鼓励企业以对外承包工程和劳务合作为主要内容,大力开拓国际承包工程市场,推动高层次劳务和特色劳务输出。五是建设"走出去"全球商情信息共享平台和机制,发布国外投资环境、国际工程承包、对外劳务合作等信息,组织团组出访考察、举办各类洽谈会等重大活动。

六、打造大型龙头企业,增强现代服务业竞争发展的主体优势

提升广州现代服务业的综合竞争力,必须打造一大批具有国际竞争力大型服务业龙头企业,通过龙头企业的引领与带动,增强服务业竞争主体的优势。

(一)积极培育大型商贸企业集团

发挥广州商贸业的传统优势,打造一批商贸业的龙头企业。根据现有政策、机制和资源,广州可通过"省流通龙头企业扶持工程"、深化国有商贸企业改革重组以及采取自愿连锁、特许连锁等方式,加快组建和培育一批拥有知名品牌和核心技术、主业突出、综合集成能力强、带动作用大的大型流通类企业集团。同时,鼓励有条件的企业集团实施跨地区、跨行业的收购或重组,支持符合条件的企业进入国内外资本市场上市融资,引

第十二章 提升广州现代服务业综合竞争力的思路和对策建议

导具有一定品牌优势的商贸企业推进中小企业的自愿连锁,全力支持广州优势商贸企业携手知名商业地产商在国内或境外联合建设城市综合体或"广州城"。此外,随着以广州为起点的武广、南广、贵广等高铁网络逐步建成,我市还应大力引导和鼓励商贸龙头企业在高铁连接城市布点,借助快捷交通系统扩张商业版图。

(二) 积极培育本土型服务业上市公司

资本经营是企业扩张的有效手段。针对我市上市公司数量较少,特别服务业上市公司少的问题,建议加强与证管部门、知名券商、国际性投资机构及经贸部门的沟通,积极发挥已上市商贸公司广百股份、广州友谊的再融资作用。建立和完善准上市企业辅导体系和优惠政策,通过规范企业治理结构及引入战略投资者,促进有一定基础和优势的其他商贸流通企业以及其他服务业的企业做好上市辅导工作,将符合条件的服务企业纳入上市候选对象,对条件成熟的优先推荐上市和发行债券。在支持符合条件的服务企业在国内上市的同时,还要创造条件,鼓励企业在境外资本市场上市融资。

(三) 加快组建和培育服务业大型企业集团

集团化是大企业成长的有效途径。鼓励本土优势企业进行并购重组,加快组建和培育一批拥有知名品牌和核心技术、主业突出、综合集成能力强、带动作用大的大型企业集团;鼓励有条件的企业集团实施跨地区、跨行业的收购或重组,对跨区域联合重组新成立的企业,执行大企业集团合并纳税政策,允许集团内盈亏相抵后缴纳企业所得税,对重组导致的资产评估增值、重组收益、权属变更给予减免税费等优惠政策,对于跨区域联合重组企业集团新建项目,符合广州有关规划要求的,在项目审批上优先核准,在信贷资金上优先支持。全力支持广州本土优势企业集团实施跨国经营,对实行跨国经营的企业在货物通关、出入境、银行信贷、出国参展、法律援助等方面给予大力支持。充分发挥政府的引导作用和社会资本力量，搭建投融资服务平台和公共服务平台，促进本市服务业企业壮大。

七、加快各类平台的建设，强化服务业发展的支撑体系

现代服务业涵盖多个行业，但有很强的联动性，以突破现代服务业关键共性技术为重点，以各类平台建设为突破口，建设功能完备、开放协作、运转高效、与国际接轨的现代服务业支撑体系，是推进现代服务业市场化、产业化、社会化，提升现代服务业的综合竞争力的重要战略。

（一）加强现代服务业共性服务技术支撑体系的研发

支持基于面向服务架构（SOA）的，支持可集成和重用的安全认证、在线支付、在线征信、计量计价、商务搜索、授权管理、责任认定等服务组件的研究开发，形成配套的服务及服务接口技术标准和符合性测试工具，为信息平台互连互通提供基础技术条件。以支持数字内容服务业态快速发展为目标，以内容交易为核心，重点研究数字内容版权保护与管理、数字内容智能分类和搜索、各种业务模式的交互和数字媒体内容转换技术，建设数字媒体技术与虚拟现实系统开发平台，支持数字动漫及数字影视创作、数字作品整合和营销、面向公众的内容综合应用服务等。

（二）把电子商务与物流关键技术作为研究开发的重点

重点突破电子商务交易与平台技术、客户关系及供应链管理技术、现代物流过程优化与监控技术和电子商务及现代物流系统间的数据、应用、业务集成技术和标准规范，建设电子商务与现代物流公共服务和集成平台。综合应用电子商务交易、供应链管理技术，探索新型电子商务模式。

大力发展第三方交易与服务、生产企业供应链信息交换和整合服务，形成具有行业特色的电子商务模式。通过应用示范，降低企业生产成本，提高企业经营效率和效益。

八、实施智力集聚与人才集聚工程，建设现代服务业人才高地

现代服务业本身就是智力密集型产业，现代服务业的竞争，归根到底是人才的竞争。实施智力集聚工程，加快人才的引进和培养，是全面提升服务业竞争力的重要战略举措。

（一）制定现代服务业中长期人才发展战略规划

根据国家的中长期人才发展战略规划纲要，从广州的实际出发，制定与国际化进程相适应、具有时代特征、中国特色和广州大都市特点的中长期服务业人才发展战略，在激烈的竞争中赢得人才战略的主动权。这个发展战略要立足打通国际国内两个人才市场、积极开发国际国内两大人才资源，为广州建设国际大都建立起一个在全球范围内优化配置国际人才的战略平台。根据广州发展服务经济的战略和现代服务业发展的重点领域，具体制定出一些专项人才开发战略计划，如金融人才开发计划、物流人才开发计划、高层次商务人才开发计划及创意产业专业人才计划等，为现代服务业的发展提出强有力的人才保障。

（二）要高度重视现代服务业领军人才的引进和培养

现代服务业各行业的领军人才，是人才引进与培养战略的重中之重。广州要继续发挥中国留学人员广州科技交流会、广州国际人才交流协会、

广州留学人员服务管理中心等多种平台和渠道的作用，加大实施海外人才集聚工程，引进一大批熟悉国际惯例的高端产业服务业领军人才和创新团队。鼓励留学人才带项目来穗创业发展，特别要引进学成后在国（境）外知名高校、科研院所、跨国公司、国际组织等机构取得显著成绩的中青年留学人才。通过产业聚才、项目引才、创业将才带动引才等方式，引进国际先进管理团队、人才和技术。在引进人才的同时，要注重本土人才的国际化，通过项目合作、服务输出、服务外包、国际学术交流等途径，有计划地向国际社会推出一批高层次人才，让他们到国际舞台上去施展才华，在与国际一流科技人才的合作与交流中，更快成长为顶尖级的领军人才。完善人才引进和人才国际化管理机制，建立开放、流动、竞争、择优的国际人才配置机制，建立国际人才的准入、评审、聘用、考核、流动、就业等一整套管理机制。积极探索建立"人才特区"，特定的空间、特定的领域、特别的政策，率先大规模引进国际人才，形成国际人才集聚特区。

（三）推动《关于加快吸引培养高层次人才的意见》及其配套政策的落实

在户籍、住房、医疗、子女入学、科研、奖励等方面不断优化服务产业人才环境。统筹使用高层次人才专项资金，重点支持高新技术企业引进高层次创新人才及关键领域紧缺人才。积极推进人才服务的产业化、标准化、信息化和国际化，不断强化人才资源配置和人才服务平台建设，为核心产业实现领先发展提供强有力的人才支撑。大力发展人力资源外包、猎头、人力资源管理咨询等高端业务等。

（四）加强岗位职业培训，加大基础人才培养力度

服务业门类之多，对人才的需求是多层次的，应该以市场为导向，充分满足不同人群的培训需求。鼓励发展办学起点高、理念新、与国际接轨的各种专业资质培训；打造产学研合作链，大力推进职业技术培训、继续教育培训；推进学习型城市建设，大力开展社区教育、远程教育等教育服

务项目。规范非学历教育培训市场，参照国际标准，建立教育培训方面的质量管理体系，促进民办非学历教育机构依法自主发展。通过多种渠道为服务业的发展输送更多合格的高技能人才。

九、政策聚焦，创新机制，优化服务业发展政策和制度环境

（一）进一步完善促进现代服务业发展的政策体系

一是对已出台的政策加大落实与实施。近年来，广州出台了一系列支持现代服务业发展的政策，包括资金政策、土地政策、税收政策、人才政策等等。对于已经出台的政策，要加大落实实施，要建立跟踪体系，对各项政策定期检查，推动其已有优惠政策和支持性政策尽快落到实处。二是根据现代服务业发展的新情况，新问题，及时制定新的政策。有些领域，政策不统一，不明确，需要进一步明确和细化。对于一些重点发展领域，要吸收国内外先进经验和行之有效的政策措施，还要加强政策聚焦。

（二）创造条件，吸引高端服务资源聚集广州

一是积极争取更多国家高端服务资源落户广州。广州市各高端产业功能区、专业服务集聚区和特色街区，要结合自身功能定位，依托全市各职能部门，积极争取国家级软性服务资源、项目、活动（如基地、中心、实验室、会展、试点等）落户，市级职能部门要围绕这些"国字头"重大项目、活动、资源等服务要素落地，从规划、土地、投资、人才等方面予以配套支持。二是吸引国际服务业的高端资源集聚广州，通过各类对外开放的平台，创造条件，吸引领袖级、专业标志性、知识密集、成长性好的国

际服务业的高端资源汇集广州。

(三) 加大对服务业的资金投入

近年来,为了加快现代服务业的发展,政府部门设立了多项服务业专项扶持资金,但从资金投入的总量来说,还不能适应发展的需要,要加大投入的力度。扶持资金投入的重点,一是加大现代服务业技术创新的研发投入、二是集中投入能带动行业发展的重大项目的资金支持,三是加大对公共平台建设的投入。对于分散在各个领域、各个行业的扶持资金,要进行科学的规划和统筹,避免投入分散、"撒胡椒面",提高自己资金的使用效果。同时要加强对扶持资金的管理,提高资金的使用效率。

(四) 加大制度创新,创造良好的制度环境

创新发展体制机制,着力营造和优化服务业发展政策和制度环境。一是配合国家推进电信、铁路、民航、公用事业等垄断行业管理体制改革,打破行业垄断,对竞争性领域的国有服务企业实现股份制改造,有效引导社会资本参与;鼓励企业之间的联合,促进资本、产权、人员自由流动,实现优势互补,共同发展,形成层次分明、结构均衡、体系完整的服务业产业集群。二是简化项目审批环节,降低市场准入门槛。建立公开、公平、公正的市场准入制度,鼓励和支持各类资本进入法律、法规和规章未禁入的现代服务行业和领域。三是支持行业协会等中介服务机构发展,鼓励建立行业联盟。支持行业协会等中介机构在政府产业政策辅导与解读、行业发展信息共享、咨询评估、教育培训等方面,发挥更大作用。

参考文献

[1] Allon, G. and A. Federgruen, (2002) "Competition in Service Industries", working paper, Columbia University, NY, NY.

[2] So, K. C. (2000) "Price and time competition for service delivery", Manufacturing Service and Operations Management 2 (4) 392 – 409.

[3] Rachel McCulloch. (1987) "International competition in services", Nber working paper.

[4] Fagerberg, J. (1988) International Competitiveness, Economic Journal, vol. 98, pp. 355 – 374.

[5] Renato G Fibres: Competition and Trade in Services: TheAirlines' Global Alliances. The World Economy, 1998, Vol21, No8: 1095 – 1108.

[6] 陈红儿、陈刚:《区域产业竞争力评价模型与案例分析》,《中国

软科学》，2002 年第 1 期第 99 – 104 页。

［7］郑吉昌、夏晴：《服务业、服务贸易与区域竞争力》［M］，浙江大学出版社，2004。

［8］郑吉昌、夏晴：《服务贸易竞争力相关因素分析》［J］，《国际贸易问题》2004（12）。

［9］赵露茜：《影响我国服务贸易竞争力主要因素的国际比较》［J］，《北京工业大学学报》1999（12）。

［10］田华，孙伟，宋耀：《中国金融业国际竞争力分析》［J］，经济纵横，2003 年第 11 期。

［11］李静萍：《影响国际服务贸易的宏观因素》［J］，《经济理论与经济管理》2002 年第 11 期。

［12］李靖华、郭耀煌：《主成分分析用于多指标评价的方法研究——主成分评价》，《管理工程学报》，2002 年第 16 卷第 1 期第 39 – 43 页。

［13］林培龙：《基于主成分分析评价模型的研究与应用》，《信息系统工程》，2010 年第 5 期第 138 – 138 页，第 11 页。

［14］刘丹平、张金隆：《基于主成分分析的软件企业竞争力综合评价研究》，《工业工程与管理》，2004 年第 9 卷第 4 期第 44 – 48 页。

［15］倪鹏飞：《中国城市竞争力与基础设施关系的实证研究》，《中国工业经济》，2002 年第 5 期第 62 – 69 页。

［16］阮晓波、周晓津：《城市旅游服务功能：评估指标、模型与实证》，《经济研究导刊》2010 年第 8 期。

［17］盛从锋、徐伟宣、许保光：《中国省域投资环境竞争力评价研究》，《中国管理科学》，2003 年第 11 卷第 3 期第 76 – 82 页。

［18］王玉、孙慧：《中国装备制造业竞争力非均衡性研究》，《上海经济研究》，2004 年第 12 期第 6 – 14 页。

［19］周晓津、阮晓波：《中心城市金融服务功能比较研究》，《特区经济》2010 年第 12 期。

[20] 詹姆斯·A·菲茨西蒙斯,莫娜·J·菲茨西蒙斯:《服务管理》[M],机械工业出版社2000年版。

[21] 王小平:《服务业竞争力》[M],经济管理出版社2003年版。

[22] 蒋三庚:《现代服务业研究》[M],中国经济出版社,2007年版。

[23] 路正南:《产业结构优化与竞争力评价的研究》[D],南京理工大学2007年版。

[19] 刘荣明:《现代服务业统计指标体系及调查方法研究》[M],上海交通大学出版社2006年版。

[24] 李朝鲜、李宝仁:《现代服务业评价指标体系与方法研究》[M],北京中国经济出版社2007年版。

[25] 周振华:《现代服务业发展:基础条件及构建》[J],《上海经济研究》2005年第9期。

[26] 徐国祥、常宁:《现代服务业统计标准的设计》[J],《统计研究》2004年第12期。

[27] 邱东:《多指标综合评价方法的系统分析》[M],中国统计出版社1991年版。

[28] 任旺兵:《我国服务业发展的国际比较与实证研究》[M],中国计划出版社2005年版。

[29] 尚慧丽:《提升区域服务业竞争力的对策研究》,《经济纵横》,2010年第1期。

[30] 陈劲:《知识密集型服务业创新的评价指标体》,http://www.lw23.com/paper_766021/

[31] 吴士元:《我国省级服务业竞争力的综合评价》[J],《统计与决策》,2005年第10期。

[32] 罗吕松:《现代服务业的界定与统计研究》,潍坊统计信息网2009年6月19日。

［33］杜栋、庞庆华：《现代综合评价方法与案例精选》［M］，清华大学出版社2005年版。

［34］单晓娅、张冬梅：《现代服务业发展条件指标体系的建立及评价——以贵阳市为例》［J］，贵州财经学院学报，2005年第1期第66－70页。

［35］姚战琪：《技术进步与现代服务业：融合、互动及对增长的贡献》，社会科学文献出版社2009年11月版。

［36］穗府办〔2009〕30号：广州建设现代服务业中心实施方案。

［37］《广州市"十二五"规划公开选聘课题研究成果汇编》，广州市发展改革委员会编2010年第9期。

［38］《广州市经济社会形势与展望（2010－2011）》，广州市发展和改革委员会 广东人民出版社。

［39］《广州金融白皮书（2009）》，广州市金融服务办公室，广州出版社。

［40］《广东发展蓝皮书（2009）》，广东省人民政府发展研究中心，广东经济出版社。

［41］华迎：北京现代服务业发展现状分析《国际贸易问题》2008年第10期。

［42］熊焰、李阳：《促进我国服务创新发展政策研究》，科技管理研究2008年第8期。

［43］高传胜、刘志彪：《生产性服务与长三角制造业集聚和发展》［J］，上海经济研究2005年第8期。

［44］高汝熹：《大上海都市圈经济发展研究》［J］，《城市》2004年第3版。

［45］林彰平等：《广州市金融机构微观集聚案例》［J］，《经济地理》2007年第1版。

［46］李金勇：《上海生产者服务业研究》［D］，复旦大学博士论文2005年版。

[47] 倪鹏飞、彼得·卡尔·克拉索：《全球城市竞争力报告（2009～2010）》，社会科学文献出版社，2010年版。

[48] 倪鹏飞：《中国城市竞争力报告——城市：中国跨向全球中》，社会科学文献出版社，2009年版。

[49] 赵弘：《中国总部经济发展报告（2010-2011）》，社会科学文献出版社，2010年版。

[50] 陈剑、张强：《进一步扩大广州服务输出》，《宏观经济管理》2010年第8期。

[51] 张强、卢晓媚、陈翠兰：《广州现代服务业集聚区发展研究》，广州市社会科学院现代服务业研究基地

[52] 广州市《关于加快吸引培养高层次人才的意见》

[53] 广州市《关于加快发展总部经济的实施意见》

http：//wenku.baidu.com/view/72395388d0d233d4b14e69a8.html

[54] 向晓梅：《广州市总部经济发展现状与对策建议》

http：//jmw.tjnk.gov.cn/tabid/426/ctl/Edit/mid/852/tabid/454/Default.aspx

[55] 霍秀媚：《以文化创意产业强化区域文化中心地位》，《城市观察》2009年3期

[56] 刘江华、张强、张赛飞：《中国副省级城市竞争力研究》，中国经济出版社，2009年版。

[57] 刘江华、杨代友、张强、陈来卿：《整合与超越：广州大都市圈发展研究》，商务印书馆，2010年版。

[60] 刘江华、张强：《广州工业国际竞争力现状与对策》，《广州社科快讯》2003年第1期。

[61] 张强等：《批发零售产业竞争力理论与实践——以广东为例的研究》，重庆大学出版社。